おいしくてパクパク食べちゃう！ 1歳半〜5歳

ラクうま幼児食

管理栄養士 川口由美子 監修／阪下千恵 著

ナツメ社

家族みんなでパクパクおいしい！幼児食レシピ

毎日のごはん、家族で一緒においしく食べたいというのは、みんな共通の願いですよね。でも、小さなお子さんがいる家庭の食事作りはなかなか大変です。離乳食は終わったけれど、幼児のごはん、どうしたらいいかな？　作り分けは大変そう…。そもそもあまり食べてくれないなど、食の悩みはつきません。私も娘たちの幼児期は、野菜を食べないなどの好き嫌いに苦労したり、子どもが飲み込みやすく、大人も子どもも一緒においしく食べられる味つけにしたりなど、試行錯誤の日々でした。

この本では、そんな子どもならではの食のお悩みに応えつつ、毎日のごはんが負担なく楽しく作れるようなレシピをたくさん紹介しています。大人も子どもも大好きな定番おかずから、アレンジレシピまで、普通の料理の延長で作ることができます。家族みんなのごはんを一緒に作るから、手間も負担もなし。薄味になっていますが、大人はそのままでもおいしく食べられますし、スパイスや辛みなどをあとからプラスして満足度もアップ。また、子どもの安全のために、気をつけたい食材選びや調理のポイントから、味つけのコツ、取り分けて食べやすくするひと工夫など、それぞれのレシピで丁寧に紹介しています。まずは巻頭の幼児食の基本を読んで、ポイントを知ってから作るとより応用が利き、日々の料理がラクになります。作りおきできるおかずも盛りだくさん！生活スタイルに合わせて活用してください。幼児食は難しく考えなくても大丈夫。毎日のごはん作りと食卓がさらに楽しいものになりますように。

阪下千恵

contents

Part1
子どもも家族もみんな喜ぶ!
肉・魚・卵・大豆製品のメインおかず

肉のおかず

ひき肉

鶏肉

豚肉

牛肉

魚のおかず

たら

めかじき

鮭

ぶり

青背魚

えび・ほたて

大豆加工品のおかず

column

すぐにできる!　簡単朝ごはんメニュー　68

Part2
おいしくてモリモリ食べられる!
野菜のサブおかず

青菜

グリーンアスパラガス

アボカド

column

市販品をかしこく使って幼児食を簡単に!　54

卵のおかず

column

まだまだ広がる!　卵焼きバリエ　62

豆腐のおかず

Part3

ボリューム満点！
ごはん・めん・パンの主食レシピ

ごはん

めん

パン

この本の特長と使い方

幼児食だけを特別に作るのは大変！　でも、大人と同じ食事で大丈夫？　と悩んでいる人はいませんか？　本書では、家族みんなでおいしく食べられるアイデアを豊富に紹介します。

大人も子どもも一緒に おいしく食べられるレシピが満載！

フライも
一緒に！

薄味だから、
ビビンバも！

本書では、大人も子どもも一緒に食べられる、肉、魚、卵、大豆加工品を使ったメインおかず、野菜を使ったサブおかず、ごはん、めん、パンを使った主食レシピを盛りだくさんに紹介しています。幼児期に気をつけたい食材はなるべく使わず、薄味に仕上げているから、安心して家族みんなで食べることができます。レシピは子ども用が基本ですが、大人用のアレンジなども紹介しているので、スパイスやハーブをふったり、調味料を足して味を濃いめにするなどの工夫でさらにおいしく食べられます。

特長
2

分量は大人3人分 ＝大人2人分＋子ども2人分としています

大人と子どものおかずを一緒に作ると言っても、一番悩んでしまうのが分量のこと。本書のレシピの分量は、大人３人分を基本としています。P12でも解説していますが、幼児の摂取エネルギーは、大人の摂取エネルギーの約半分なので、大人１人分＝子ども２人分、すなわち、大人３人分＝「大人2人＋子ども2人分」となり、家族みんなで満足できる分量になっています。ご家庭によっては、料理が余ったら冷凍保存するなどして、お弁当のおかずに利用するのもおすすめです。

余ったら、
冷凍してもOK！

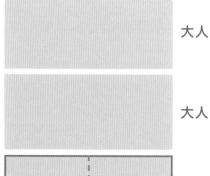

大人
大人
子ども　子ども　大人

大人1人分が
子ども2人分！

時期別に食べやすくする工夫や気をつけるポイントなど丁寧なアドバイスでよくわかる！

作りおきできる料理や冷蔵、冷凍保存期間も明確に表示！

1歳半～2歳、3～5歳に分けて食べやすくするヒントを紹介

食べさせるときに気をつけるポイントをアドバイス

作りおきできるレシピには、冷蔵、冷凍の保存方法、解凍法をナビゲート！

本書では、すべて家族一緒に食べられるレシピを紹介していますが、お子さんの年齢に合わせて、注意した方がよいことも。大きさや硬さ、注意したほうがよい食べ物など、それぞれのレシピに対して、幼児期の1歳半～2歳、3～5歳に分けて、その時期に合わせた食べやすくするヒントを紹介。それ以外にも、食べさせるときに気をつけたいポイントを丁寧にアドバイス。この一冊があれば、毎日の食事の準備がぐんとラクになり、安心して家族みんなでおいしいごはんを食べることができます。

食べやすくする工夫の一例

豚しゃぶサラダは、子ども用に取り分けるときにキッチンバサミで小さく切る。

めん類は先に折るか、長いままであれば子ども用に取り分けるときにキッチンバサミで切る。

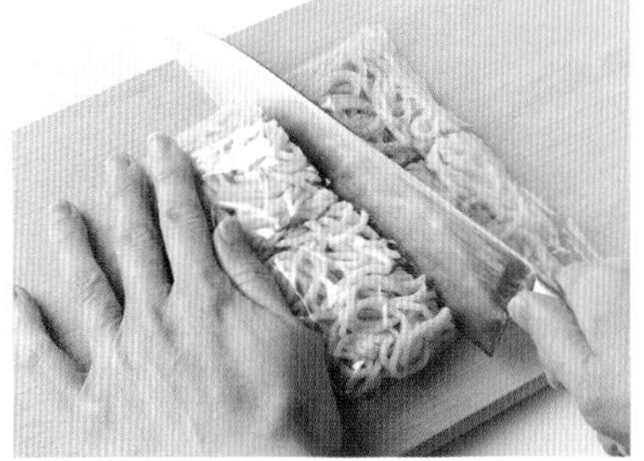

焼きそばなどは、炒める前に袋の上から切っておくのが便利！

この本の使い方

- 材料はその料理に適した分量にしています。
- 計量単位は大さじ1＝15㎖、小さじ1＝5㎖、1カップ＝200㎖、米1合＝180㎖です。
- 「少々」は小さじ⅙未満を、「適量」はちょうどよい量を入れること、「適宜」は好みで必要があれば入れることを示します。
- 野菜類は特に記載のない場合、洗って皮をむくなどの下処理を済ませてからの手順を説明しています。
- フライパンはフッ素樹脂加工のものを使用しています。それ以外のフライパンを使う場合、先にサラダ油を熱してから使うなど適宜調整してください。
- 火加減は、特に記載のない場合、中火で調理してください。
- **電子レンジは600W**を基本としています。特に記載のない場合は600Wで加熱してください。**500Wの場合は加熱時間を1.2倍**にしてください。機種によって加熱時間に差があることがあるので、様子を見ながら加減してください。
- **保存期間は目安の期間**です。季節や保存状態によって差がでるので、できるだけ早く食べきりましょう。
- 作りおきや保存期間に関しては、全てメインのレシピのものを記しています（つけ合わせや一部のソースなどは含まれません）。
- 水けを拭き取る際は、**ペーパータオル**を使用しています。
- ホイルは、全て**くっつかないタイプのホイル**を使用しています。
- オーブントースターは**「高温」＝約200℃**、**「中温」＝約170℃**を目安にしていますが、機種によって加熱時間に差があることがあるので、様子を見ながら加減してください。

幼児食は元気で成長しているかが指標です

食べさせる量ではなく順調に大きくなっているか

子どもの「食べる量」ってどのぐらい？など、気になることもあると思います。そんなときは、母子健康手帳の「幼児の身長体重曲線」に沿って自分の子どもがどのように成長しているかをみてみましょう。成長曲線内に入らないからといって心配する必要はありません。**大切なのは「曲線のどこにいるか」ではなく、「線に沿って大きくなっているか」**ということです。

離乳食の本では、目安として食材のグラム数が母乳やミルクとのバランスの参考として書かれていますが、幼児食では母乳やミルクは考えないので、食材のグラム数の表示はなく「幼児が元気であり、成長曲線に沿って成長しているか」を指標とします。味つけや食感を調整しながら、豊かな食の体験を積み重ねましょう。

幼児食で気をつけたい食事のポイントは、塩分と脂分、糖分を多く摂り過ぎないことです。一般的にお菓子は、これらが多いのでなるべく控えましょう。また、1日3回の食事の時間を決めて生活リズムを整えます。おいしく食べて、元気に動き、ぐっすり眠ることを心がけましょう。

子どもの食欲が心配なときは、食事だけに目を向けるのではなく、たくさん遊んだかな？リラックスもできているかな？など、生活を見直してみたり、家族や友だちと楽しく食事をとったりするなど、いろいろな体験をしてみるとよいでしょう。

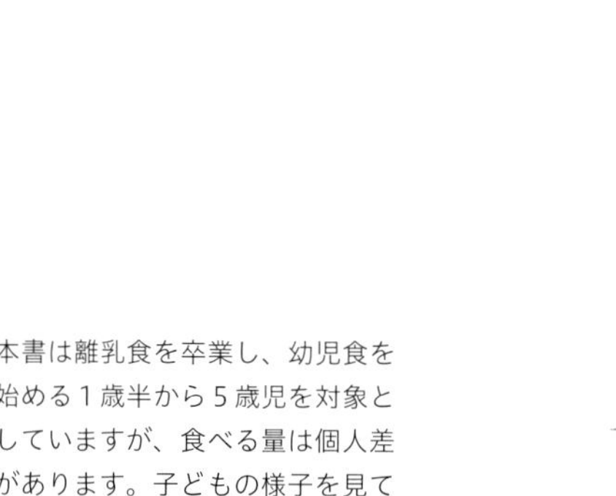

本書は離乳食を卒業し、幼児食を始める１歳半から５歳児を対象としていますが、食べる量は個人差があります。子どもの様子を見て量を加減してください。子どもの発育状態が心配な場合は小児科医師などに相談しましょう。

発達の目安と時期別幼児食の進め方

	1〜2歳	2〜3歳	3〜6歳
歯	1歳半頃： 第1乳臼歯（にゅうきゅうし）が生える	2歳半頃： 第2乳臼歯が生え、 合計20本生えそろう	20本の歯が生えて 1年かけて 噛み合わせが整う
咀嚼（そしゃく）力	しっかり噛みつぶす ことは難しい	奥歯でものを 噛みつぶせるが、何度も あごを上下させて 噛み砕くことは難しい	食べられるものが 増えるが、大人と 同じ咀嚼力が あるわけではない
発達	歩くようになる 手指を使う	イヤイヤ期 身体の動きの コントロール	自我の発達
食具	手づかみ・ スプーンなど	スプーン・ フォークなど	スプーン・箸 など
食べ物の硬さ	肉団子のような 少しやわらかいもの	野菜炒めのような硬さ	大人より少し やわらかめ

幼児食は難しくない！大人の料理½量を目安に

幼児食はエネルギーも塩分も大人の約半分と考える

幼児食だからと難しく考える必要はありません。栄養バランスのとれた献立にするには、大人と同じように和食の一汁二菜をベースにしましょう。ごはんやパン、めんなどの主食に、魚や肉、卵のおかずの主菜、野菜やきのこ、海藻のおかずの副菜を揃えます。ごはんやパンの場合は、野菜をたくさん入れたみそ汁やスープなどの汁物を添えてもいいですね。**その割合は献立全体を1として、主食½、主菜¼、副菜¼が目安**です。

幼児の食べる量は成人女性の約半分が目安。下の表「1日あたりのエネルギー&塩分の目標量」にあるように、2歳児のエネルギーと塩分は30～49歳女性と比較すると約半分になります。幼児食を大人と同じ献立にして、量を約半分にすればおのずと塩分も半分になります。子どもは家族と同じものを食べることで味覚を広げ、食事の楽しさを味わえます。現在、日本人成人の1日あたりの塩分摂取量が約10gといわれ、塩分の摂り過ぎが大人でも問題になっています。親子で薄味に慣れていきましょう。栄養バランスは大切ですが、毎食、一汁二菜を用意するのは大変。1食ではなく1日単位で献立を考え、1日3食のうち1食が一汁二菜になればよしとします。焼く、炒める、蒸す、揚げる、あえるの調理法で食感に変化をつけ、味つけを工夫すれば、同じ食材でも味わいに変化が生まれます。

1日あたりのエネルギー＆塩分の目標量

	エネルギー	食塩相当量
1～2歳男	950kcal	3.0g未満
1～2歳女	900kcal	3.0g未満
3～5歳男	1300kcal	3.5g未満
3～5歳女	1250kcal	3.5g未満
30～49歳男	2700kcal	7.5g未満
30～49歳女	2050kcal	6.5g未満

＊日本人の食事摂取基準（2020年版）より抜粋

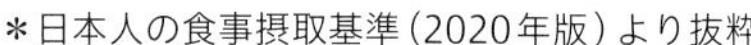

＊エネルギーは推定エネルギー必要量、食塩相当量は目標量

大人1人分＝子ども2人分と考えましょう

本書のレシピは基本、**大人3人分用(大人2人分＋子ども2人分)**の材料で紹介しています。食べる量は個人差があるので、もし食べきれずに余った場合、作りおきができるレシピは保存方法も掲載しています。本書では、忙しい日にすぐにできて食べられるおかずだけでなく、作りおきできる料理も紹介しています。休日や子どもが寝ている時間に作っておくなど、ライフスタイルに合わせて活用してください。大人も満足できる薄味にするために、食材の持ち味をいかしてシンプルな調理工程にしています。だしを利かせると、塩分を減らしてもおいしくいただけます。味の好みは食習慣によって変わってくるので、薄味に慣れていくと家族みんなの健康維持に役立ちます。

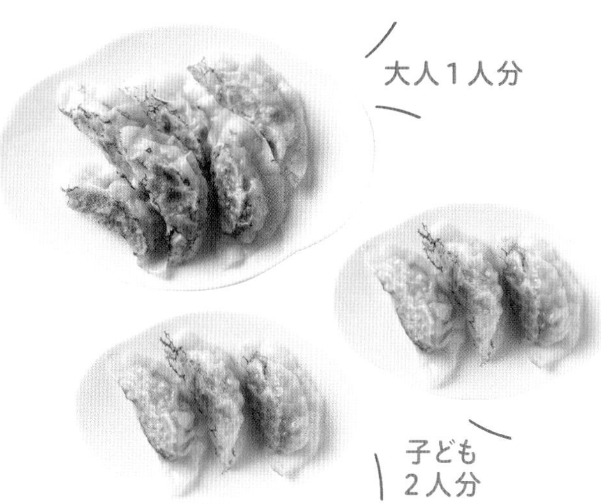

エネルギーの割合と食事の回数

幼児は**1日3回の食事で十分な栄養を摂ることができないので、1日に1～2回のおやつ(補食)が必要**です。目安としては1日あたりのエネルギーの10～20%です。家の中で静かに過ごしているなど活動量が少ないときは水分補給の飲み物だけで十分ですが、安定したリズムで毎日を過ごせるようにおやつの時間は決めておくといいでしょう。おやつといっても甘いお菓子ではなく食事の延長として考えますが、子どもにとっては楽しみの時間です。ホットケーキにすりおろしたにんじん、蒸しパンにかぼちゃを入れるなど栄養補給しながら、ときには彩りや形を工夫して親子で楽しみましょう。

	1～2歳	3～5歳	食事量の目安
朝	朝食	朝食	20～25%
10時	おやつ		
昼	昼食	昼食	25～30%
15時	おやつ	おやつ	
夜	夕食	夕食	25～30%
	5回食	4回食	おやつ(補食)は10～20%

これだけは覚えておきたい誤嚥（ごえん）を避けるポイント

丸くて硬いものや噛みにくいものは注意！

子どもは食事に集中しにくかったり、咳ばらいが弱いので、誤嚥を起こしやすい傾向があります。**丸くて硬いもの、弾力があり噛みにくいもの、粘りのあるものを与えるときは特に注意が必要**です。やわらかくてもツルツルした食材はのどに詰まりやすくなります。ミニトマト、うずらの卵、ぶどう、キャンディチーズは1cm程度または４つに切り分けます。硬い豆類は皮を取ってきざみましょう。

球形で形状が危険なもの

乾いた大豆・ナッツ類

丸い飴

ミニトマト

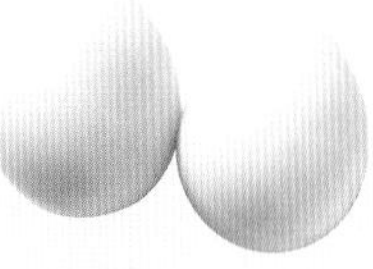
うずらの卵

ぶどう

キャンディチーズ

ラムネ

ペットボトルのキャップの大きさが目安！

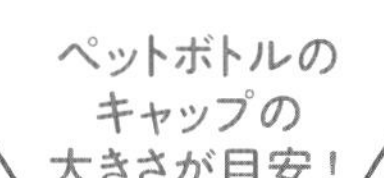

この大きさ以下のものは気管に入ってしまう可能性が。これより小さくて硬いものには注意。

memo

4歳以上など大きくなれば、ぶどうやミニトマトは皮をむけばつるんとしないので、食べられるようになるでしょう。チーズは少しつぶしたら食べられるので、臨機応変に対応しましょう。歩いて食べたり乗り物の中などでは特に気をつけましょう。

粘着性が強い食材

餅

白玉団子

粘着性が高く飲み込みにくくのどに詰まらせる危険があります。何歳だから安心とは言えませんが、あげるときは1㎝程度に切り分けて水分が必要です。

硬すぎる食材

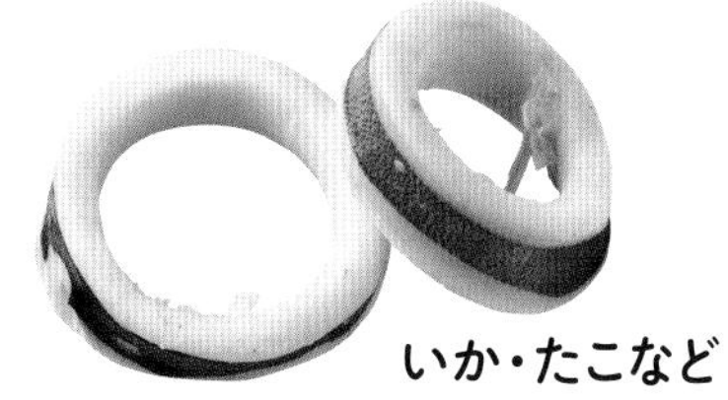

いか・たこなど

生でも加熱しても弾力があるので、噛み切ることができません。小さく切って加熱するとさらに硬くなります。食べさせるなら、すり身がおすすめです。

1歳児には避けたい食材

硬くて噛みきれない食材

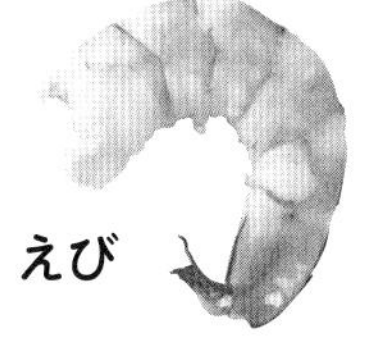

えび

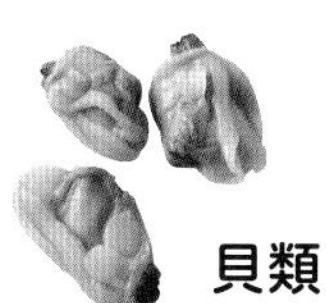

貝類

えびや貝類は加熱すると弾力が出るので、丸飲みしてしまいます。細かくきざむか、汁物に入れてエキスを味わう程度にしましょう。

噛みちぎりにくい食材

焼きのり

そのまま与えるとのどに張りつくので危険です。細かくちぎって野菜やごはんに混ぜましょう。おにぎりにも小さくちぎってランダムに貼りつけます。

memo

アレルギーが強い食材は注意

そばやピーナッツは強いアレルギーの症状が出る可能性があるので、初めて口に入れるときは少量で様子を見るとよいでしょう。魚や卵はアレルギーの心配のほか、食中毒も心配なので生のものは避け、しっかり火を通しましょう。

ピックは見守れる範囲内で！

ピックを刺せば苦手なものもパクッと食べやすくなります。しかし保護者が見守れない環境で使うとそのまま口に入れたり、のどを刺す恐れが。3歳以降など、大きくなってから安全に使えるかを確認しましょう。誤飲の心配もあるので慎重に。

注意が必要な食材を食べやすくする工夫

弾力性がある食材

繊維が硬く弾力がある食材でも切り方や調理を工夫すれば、子どもも食べやすくなります。家庭でよく使う食材をリストアップしました。

糸こんにゃく

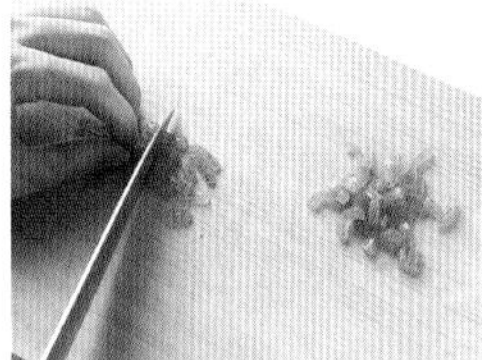

1～2㎝程度に切る

噛まずに飲み込んでしまうので基本的にこんにゃくは使いません。糸こんにゃくは1～2㎝程度に切ります。

しらたき

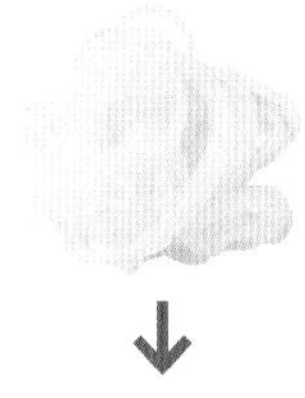
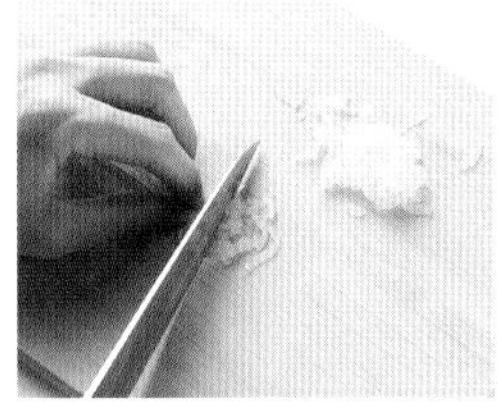

1～2㎝程度に切る

のどに詰まらせる危険性があるので1～2㎝程度に切ります。野菜とあえると食べやすく副菜の一品に。

ウインナー（ソーセージ）

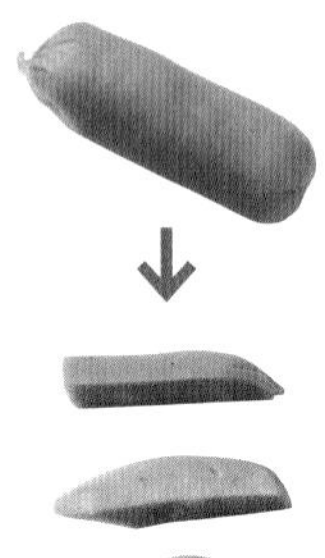
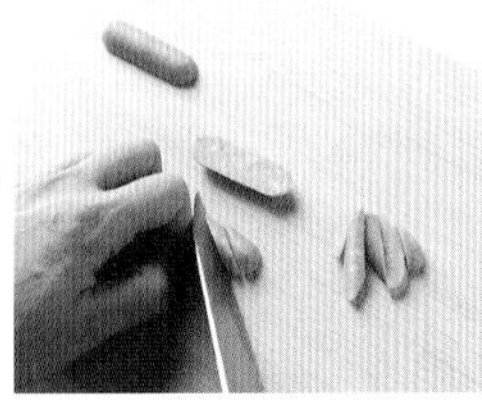

縦半分に薄く切る

縦半分に薄く切ってから、フォークで刺しやすい大きさなどに切り分けます。噛む力に合わせて大きさは調整しましょう。

かまぼこ

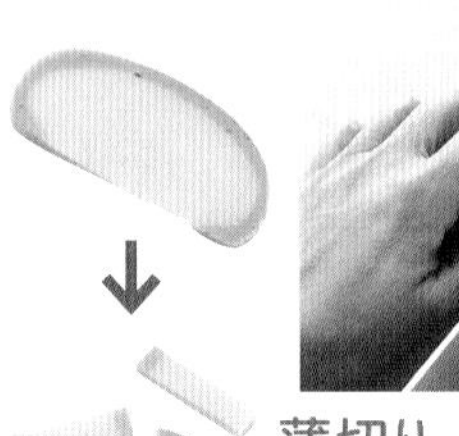

薄切り→5㎜幅に切る

弾力があるので、薄切りにしてから小さく切ります。ちくわも同様に、薄切りにしましょう。

きのこ

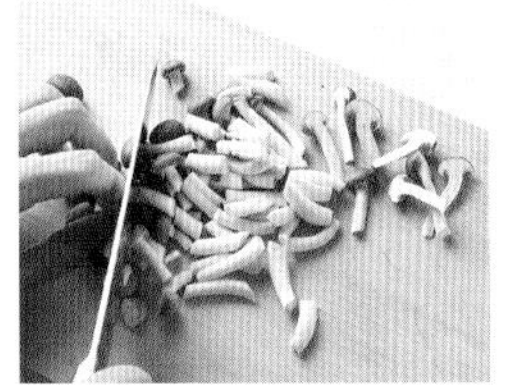

ほぐして1～2㎝程度

えのきだけ、しめじ、まいたけ、エリンギは弾力があり噛み切ることが困難です。1～2㎝程度に切ります。

わかめ

細かく切る

飲み込んで気管をふさぐ心配があるので細かくきざみます。煮るとやわらかく塩抜きにも。硬い茎は取り除きます。

繊維が硬い野菜

奥歯がないうちは生野菜の繊維はすりつぶせないので、ゆでて食べやすくします。アクの強い食材は切ってから水にさらしてゆでます。

水菜

1〜1.5㎝に切る

茎に繊維があるのでだし汁で煮て食べやすくします。

れんこん

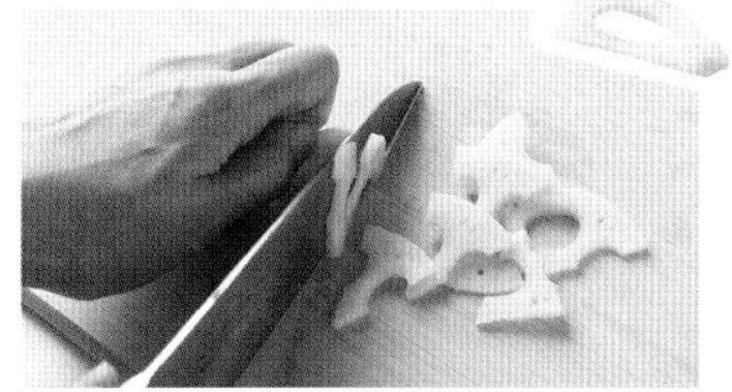

2〜3㎜の薄いいちょう切り

皮をむいて薄く切ります。アク抜きをしてから、しっかり加熱しましょう。

ごぼう

薄いささがき

繊維が残るのでささがきにします。アク抜きをしてからしっかり加熱します。

肉や魚介などの食材

肉は脂肪分が少ないものを、薄くスライスまたはそぎ切りにします。魚は鮮度のよいものを選び、小骨の取り忘れに注意しましょう。

豚薄切り肉

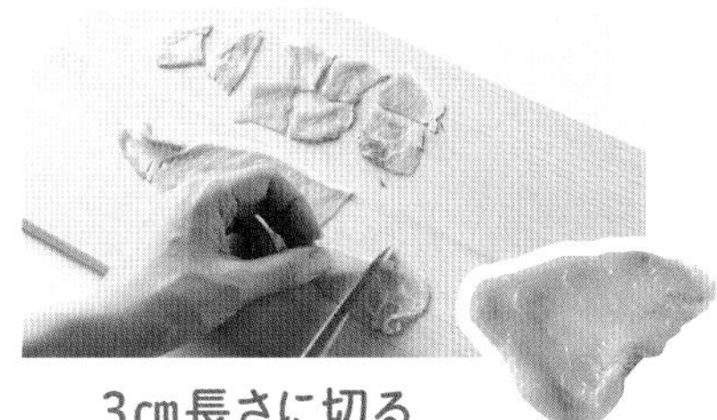

3㎝長さに切る

ももやヒレの赤身を選びます。脂が多い場合は調理前に取り除いておきましょう。

えび

厚みを半分に切る

加熱すると弾力が出てしまいます。噛み切れるように、厚さを半分にしましょう。

魚

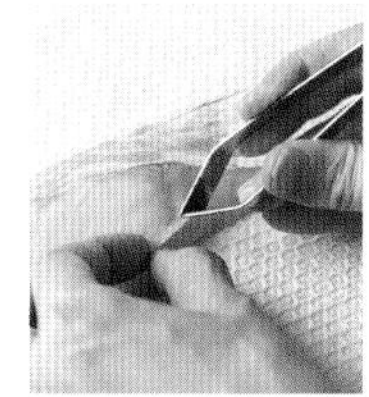

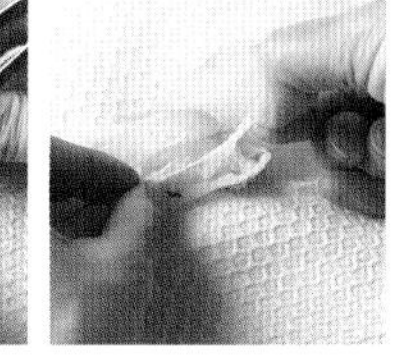

骨を除く

骨と皮を取り除きます。小骨は手で触って確認しながら取るとよいでしょう。

飲み込みにくい食材

唾液を吸収してしまう食材は飲み込みにくくなります。細かくしてほかの食材と合わせる、水分やとろみを補うなど、工夫が必要です。

鶏ひき肉

とろみをつける

鶏むねのひき肉はパサつくのでとろみをつけるとのど越しがよくなります。

ゆで卵

細かくして混ぜる

黄身がパサつくので細かくし、マヨネーズなどの調味料を加えて水分を補います。

のり

もみほぐす

野菜やごはんにかける前に、もみほぐしてさらに細かくします。

上手に保存しておいしく食べきる！冷凍&解凍の基本

家族構成によって余ったら上手に保存を

冷凍の作りおきは冷蔵に比べて保存期間が長いのがメリットです。余ったおかずは小分けにしてラップで包んだり、冷凍用保存袋に入れて冷凍しましょう。だいたい1～2週間で食べきるのが目安です。基本的に加熱調理したものであれば、特に肉や魚は、冷凍しても電子レンジの加熱でおいしさが蘇ります。お弁当に入れたり、アレンジするのもおすすめです。

子どもの分だけでも1食分の冷凍保存したおかずがあると、忙しいときの心の余裕につながります。料理が余ったときは、冷凍庫に保存して上手に活用するといいでしょう。

memo

◎加熱調理したおかずは、必ず粗熱を取ってから冷凍しましょう。
◎余ったスープやソースなどを冷凍するときは、冷凍用保存袋に入れて平らにしてから空気を抜き、密閉します。横にして冷凍しましょう。
◎ゆでた野菜は霜がつかないように水けをしっかりきり、冷凍用保存袋に入れて平らにしてから空気を抜き、密閉して冷凍しましょう。
◎日付や料理名も書いておくと便利です。
◎解凍するときは、電子レンジを基本として、揚げ物は電子レンジで軽く解凍してから、トースターで温めるのがおすすめです。

電子レンジで解凍するときのポイント

・耐熱皿の中央におき、加熱時間は様子を見ながら追加しましょう。
・汁物はふんわりラップをし、かき混ぜながら解凍ムラを防ぎます。
・揚げ物はラップをしないで蒸気を飛ばして中まで解凍し、オーブントースターで少し焼いて衣をカリッとさせます。焦げそうなときはアルミホイルをかぶせましょう。

電子レンジで解凍するときの加熱時間の目安

・100g程度のおかずの場合、様子を見ながら600Wで1分20秒ほど加熱。
・50g程度の野菜などの小さなおかずの場合、様子を見ながら600Wで40秒ほど加熱。
・それぞれ加熱が足りなければ少しずつ時間を追加しましょう。
※解凍時間はあくまでも目安です。

煮物などは
粗熱が取れたら冷凍保存！

肉巻きなどは
お弁当のおかずにあると便利！

冷凍＆解凍ポイント6

1 冷凍に不向きな食材は避ける

こんにゃくや豆腐、ゆでたじゃがいもなどのいも類は解凍時に水分が抜けて食感が失われるので、冷凍には向いていません。ゆで卵も食感が悪くなります。生野菜も本来の食感がなくなるので冷凍には不向きですが、そのまま調理に使うことは可能です。

2 粗熱をしっかり取ってから冷凍

加熱したものはお皿などに広げて、完全に冷ましてから冷凍します。温かいうちに冷凍してしまうと、冷凍室内の温度も上がり、ほかの食材をいためる原因になるので注意しましょう。

3 空気をしっかりと抜いて冷凍保存

できるだけ空気にふれないように空気を抜いてから密閉します。空気が残っていると、冷凍に時間がかかるだけでなく、食材の酸化が進みます。空気をしっかり抜いて平らにして冷凍すればかさばらず、限りのあるスペースを有効活用できます。

4 急速冷凍でおいしさキープ

フリージングは「すばやく冷凍」が鉄則です。冷凍に時間がかかってしまうと食品中の細胞が破壊されて味が落ちてしまいます。熱伝導率のよい金属製トレイなどにのせると短時間で冷凍できます。

5 解凍は電子レンジを使うのが手軽

凍った状態のまま電子レンジにかけますが、量が少ない場合は加熱時間を短めに設定して様子を見ながら温めましょう。鍋を利用するときは、水分を少し加えて弱火で温めます。常温での自然解凍は雑菌が繁殖しやすいのでやめましょう。

6 味が落ちるので再冷凍はNG！

再冷凍すると味が落ちるだけでなく、雑菌が繁殖してしまうことも。食べる分だけ解凍しましょう。小分けにして冷凍したり、冷凍用保存袋に入れ、平らにして菜箸で筋をつけておくと使う分だけ折って取り出せます。

＼ 子どもが喜ぶ！ ／

幼児食の献立例③

「朝は時短」「昼は主食＋主菜を一緒に」「夜は一汁二菜で栄養バランスよく」と、親子分が同時に作れて一緒に食べられるレシピを紹介。1日でバランスが取れるように、どれも野菜を上手に組み合わせています。

栄養満点！ ピザトースト献立

Menu

主食&主菜 ピザトースト→P116

デザート バナナヨーグルト

器にプレーンヨーグルト70gを入れ、輪切りにしたバナナ½本をのせる。

組み合わせのコツ

ピザトーストはパンと野菜、ハムやチーズなどのたんぱく質源がバランスよく摂れ、忙しい朝に重宝します。野菜はピーマンのほかに、パプリカやトマトなどアレンジ自在。乳製品は朝食に毎回添えるようにすると、1日の栄養バランスが整いやすくなります。バナナのほか、ヨーグルトには季節の果物もおすすめ。

1DAY

肉も野菜もたっぷり！ 焼きそば献立

Menu

主食&主菜 野菜たっぷり焼きそば→P114

デザート りんご¼個

りんごは皮と芯を取り除き、薄めのくし形切りにする。

組み合わせのコツ

主食の中華めんに、主菜と副菜を兼ねた肉と野菜をたっぷりと組み合わせて、一皿で栄養バランスを整えました。子どもには汁のないめんは飲み込みにくいので、調理する前に熱湯をかけてやわらかく。具材はめんに絡んで食べやすく、噛み切りやすいように小さく切ります。粉末ソース不要でも素材のおいしさが引き立ちます。単品メニューのときは、果物を添えてバランスを整えましょう。

にんじんと
オレンジは
相性抜群!

おやつ

すりおろしにんじんゼリー→P97
牛乳100mℓ

Point

オレンジの酸味と甘みでにんじんがおいしく大変身。にんじんが苦手でも食べやすくなっています。おやつはエネルギーと水分補給のほかに、不足しがちな野菜類も補えると理想的です。

夕

子どもも大人も大好きなハンバーグ献立

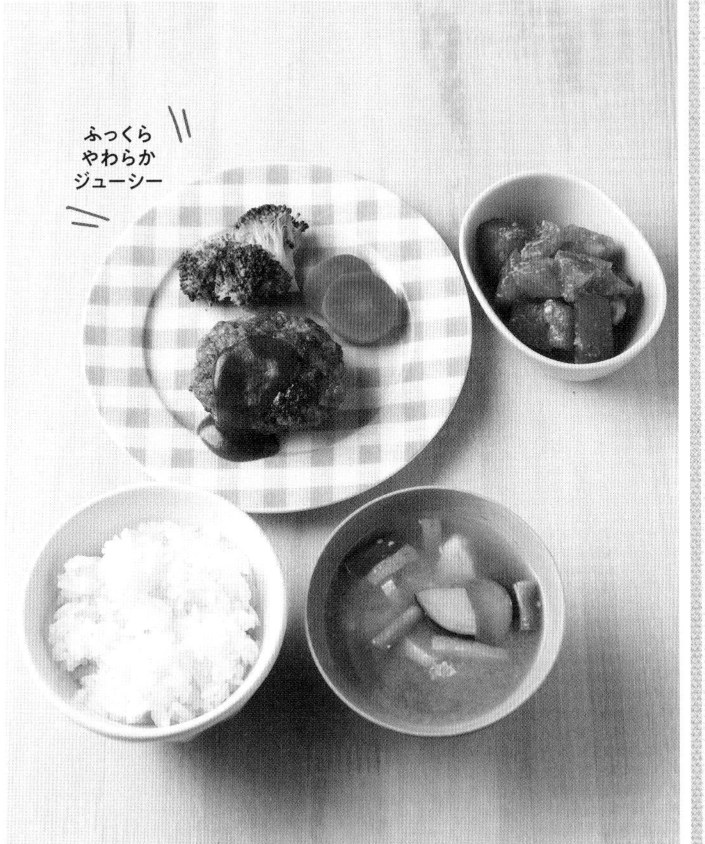
ふっくら
やわらか
ジューシー

Menu

- 主食 ごはん
- 主菜 ハンバーグ・定番ケチャップソース→P28
- 副菜 トマトのごまあえ→P87
- 汁物 さつまいもといんげんのみそ汁→P102

組み合わせのコツ

副菜に緑黄色野菜のブロッコリーやトマトの小鉢を添えたので、汁物の具はさつまいもに。さつまいもはパサつきやすいので汁物に入れると食べやすくなります。ハンバーグにポテトをつけ合わせた場合は、みそ汁は野菜やきのこ、海藻類などを入れるとよいでしょう。

食べやすくするポイント 子どもが食べやすいように、パン粉や牛乳などのつなぎを多めに使ってやわらかく仕上げています。できるだけ脂身の少ないひき肉を選びましょう。

2 DAY

野菜もたんぱく質もしっかり！おにぎり献立

Menu

主食 白ごはんのおにぎり
主菜 卵焼き→P62
汁物 具だくさん野菜のみそ汁→P100
デザート ブルーベリーヨーグルト
器にプレーンヨーグルト70gを入れ、ブルーベリー5粒をのせる。

組み合わせのコツ

朝ごはんは、主食のごはんをおにぎりにすると、パクッと食べやすくなります。また、朝食にとりにくいたんぱく質が手軽にとれるように、食べやすい卵焼きとヨーグルトも添えています。野菜はみそ汁に入れてじっくり煮ることで食べやすくなります。

野菜の甘みがだし汁にたっぷり♪

ミートソースはごはんにかけても

ボリューム満点！ミートスパゲッティ献立

Menu

主食&主菜 ミートソーススパゲッティ→P30
副菜 ポテトサラダ→P85

組み合わせのコツ

作りおきができるミートソーススパゲッティで手軽に。パスタをゆでれば、食卓にさっと出せるので、待ちきれない子どもにはぴったり。献立の2品が同じ味つけや食感にならないようにすると、食欲もわきます。スパゲッティをマカロニに変えても食べやすくなります。

冷めても
しっとり
おいしい!

おやつ

ブルーベリーマフィン→P71
牛乳100㎖

Point

ブルーベリーはオーブンで加熱することで、酸味がまろやかになり、食べやすくなります。腹持ちもするのでたくさん活動した日のおやつにおすすめです。

夕 魚もパクパク食べられる！ めかじきの甘酢あんかけの献立

苦手な野菜も
甘酢あんで
食べられちゃう!

Menu

主食 ごはん
主菜 めかじきの甘酢あんかけ→P44
副菜 ブロッコリーのチーズとおかかあえ→P92
果物 いちご3粒
いちごは１粒を４等分に切る。

組み合わせのコツ

朝に卵、昼に肉を使った献立だったので、夜は魚のメニューに。1日の中でたんぱく質源になる肉、魚、卵＆豆腐を上手にメニュー配分しましょう。かじきは骨や皮がなく、味にクセもないので調理しやすい魚です。とろみをつけているので食べやすく白いごはんも進みます。ブロッコリーの副菜に、季節の果物をプラスします。

食べやすくするポイント 苦手意識の強いピーマン、にんじんをせん切りにして、炒めてから甘酢あんに絡めます。めかじきはソテーやフライにすると油で水分が逃げず、硬くなりにくくなります。果物は小さく、または薄く切ると食べやすくなります。

3 DAY

朝

野菜嫌いでもパクパク！ ホットケーキの献立

Menu

主食&主菜 ミックスベジタブルのホットケーキ→P70
果物 キウイ（いちょう切り）½個
乳製品 牛乳100㎖

組み合わせのコツ

朝ごはんをなかなか食べない子どもでも食べやすいホットケーキはミックスベジタブルとチーズをプラスして。食材は小さく切らずにそのまま使えるので忙しい朝に重宝します。不足しがちなビタミンは、キウイで補います。キウイは薄い輪切りにするとフォークを使いにくいので、厚みのある形に。

程よい甘さが
朝食に
ぴったり！

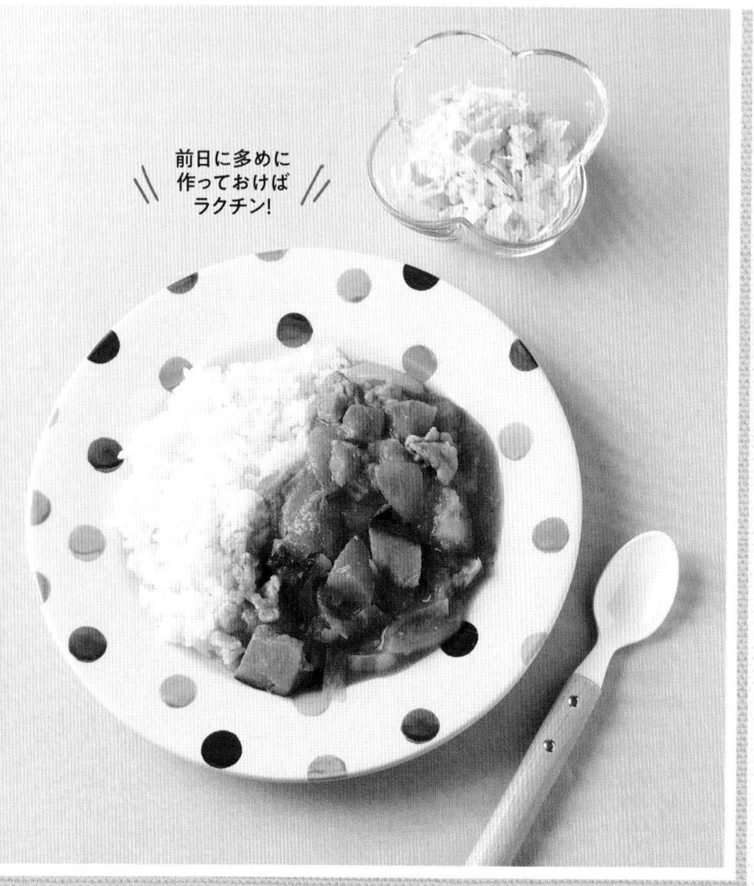
前日に多めに
作っておけば
ラクチン！

昼

みんなでおいしい！ カレーライス献立

Menu

主食&主菜 豚肉の野菜たっぷりカレー→P36
副菜 キャベツとコーンのコールスロー→P80

組み合わせのコツ

ごはんと主菜が一緒に食べられる手軽なメニューです。市販のルウは使わず、トマトとカレー粉で味を調えます。食べ飽きないように副菜としてビタミン源のコールスローをプラス。キャベツは電子レンジで加熱して食べやすくします。献立は酸味、辛み、甘みを意識して、同じ味つけにならないようにしましょう。

おやつ

おかか&チーズおにぎり→P110

Point

味つけはおかかとチーズにおまかせ！　ほかの味つけがしょうゆのみなので簡単に作ることができます。チーズにはカルシウムも含まれていますので、お手軽おやつとしてどうぞ。

ソースにパンがよく合う！ 鶏のトマト煮込みの献立

Menu

主食 ロールパン1個
ロールパンは1㎝幅に切る。
主菜 鶏のトマト煮込み→P35
副菜 かぼちゃのサラダ→P78
果物 オレンジ¼個
皮と種を取り除き、小さく切る。

組み合わせのコツ

やわらかく煮込んだ鶏肉は食べやすく、ソースにうま味がたっぷり。鶏肉は調理後に皮を取り、食べやすい大きさに切ります。ロールパンはソースをつけると飲み込みやすくなります。かぼちゃのサラダで味に変化をつけていますが、代わりにトマト煮込みにズッキーニやパプリカ、きのこ類を入れてボリュームアップするのもおすすめ。

食べやすくするポイント トマト缶の酸味は砂糖を加えてじっくり煮込むことでまろやかに。炒め玉ねぎを加えてうま味とコクがアップし、食欲をそそります。

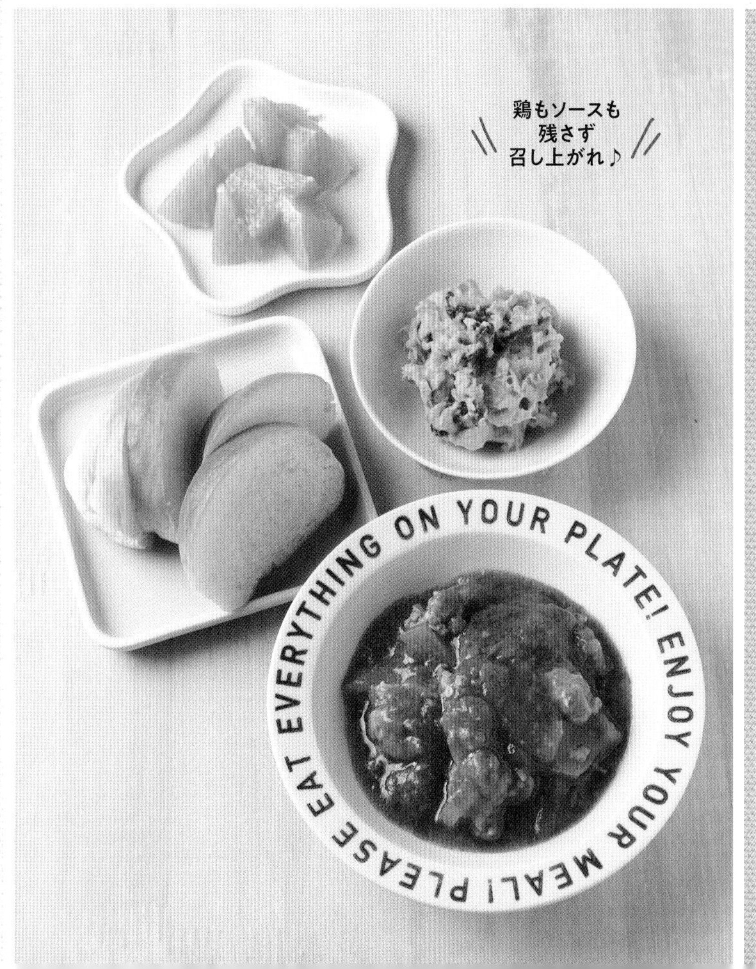

幼児期に食べていいもの・注意したいもの

【魚・肉・卵編】

刺し身・寿司

生魚は、食べていけないわけではありませんが、食中毒の恐れもありますので気をつけましょう。新鮮な場合でもアニサキスなどの寄生虫のリスクもあります。アニサキスは冷凍したり、取り除くことで防ぐことができますので、しっかり管理されているものかチェックしましょう。また、生魚は意外と噛み切りにくいので、焼いたり、あぶったりして食べやすくするのがおすすめです。

いくら・すじこ・たらこ

幼児期にはじめて魚卵を食べてアレルギーが出るというケースが多く見られます。最初は、病院に行きやすい時間帯に少量から試すのが安心です。また、加熱しないいくらなどは、食中毒の恐れもあります。しょうゆ漬けだから、冷蔵庫保管だからと過信せず、新鮮なものを食べさせるようにしましょう。また、いくらにアレルギーが出たからほかの魚卵もダメということはありませんが、何かの魚卵で強く症状が出た場合には、たらこなどほかの魚卵も注意して食べさせましょう。

肉の脂身

幼児期は、たんぱく質や鉄をしっかり摂りたい時期。成長に大切な栄養素だからこそ、脂身でお腹がいっぱいになってしまうのはもったいないですね。肉の赤身部分にたんぱく質や鉄が含まれているので、同じ量を食べさせるなら脂身より赤身が多いものを選びましょう。また、脂身が硬くて噛み切れない時は、ひき肉にしたり、細かく切ったりして食べやすくするか、取り除くなど工夫しましょう。

ベーコン・ハム・ウインナー

噛み切りにくいことがあるので、やわらかく調理したり、細かく切ると食べやすくなります。加工品は、必ず表示を見てアレルゲンをチェックしておくと安心です。肉加工品は食べてもOKですが、塩分が多いので頻度や量に気をつけましょう。ちょっと味を加えたいときに、塩だけではなく、ベーコンなどを加えることで、うま味も足されておいしくなります。

かまぼこ・ちくわ・はんぺん

かまぼこ、ちくわ、はんぺんなどの魚加工品は、塩分、硬さ、原材料に何が使われているかをチェックしましょう。魚をゆでるだけよりも、魚加工品は全体的に塩分が高めなので、味のないものと合わせるのがおすすめです。少し味を加えたいときに、塩だけでなく、魚加工品を加えれば、うま味も足されておいしくなります。弾力があるかまぼこ(→P16)やちくわは、切り方や種類によっては食べにくいこともあります。はんぺんは卵白や山いもを含むことが多いので、アレルギーなどがある場合には、原料を見ておくと安心です。

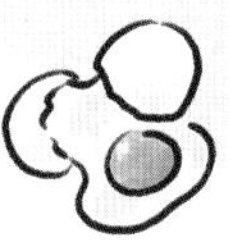

卵・生卵・温泉卵

卵は乳幼児期に最もアレルギーになる可能性の高い食材なので少し注意が必要です。加熱の温度、時間、調理方法などによって変わるので、ゆで卵で食べられても、茶碗蒸しや炒り卵だとアレルギーになる可能性もあります。とはいっても避け続ける必要はないので、様子を見ながらいろいろな卵料理にチャレンジしましょう。一方、食中毒のリスクもあります。割った卵はすぐ調理するなど衛生面にも気をつけ、体調が悪いときには生卵は食べないようにして、よく加熱することがおすすめです。また、生卵や温泉卵を噛まずに飲み込んでしまい、食べ過ぎてしまうこともあるので注意しましょう。

Part 1

子どもも家族も
みんな喜ぶ!

肉・魚・卵・大豆製品のメインおかず

子どもも大人も大好きな肉、魚、卵、大豆製品のおいしいメインおかずを和・洋・中などバラエティー豊かに紹介します。どの食材も、子どもの成長に必要なたんぱく源となるので、毎日の食事にバランスよく取り入れましょう。

ハンバーグ・定番ケチャップソース

家族みんな大好きな洋食の定番!　食べるときに切り分けて

材料(大人2人分+子ども2人分)

合いびき肉…300g

A | **玉ねぎ**(みじん切り) ⅕個分、**卵**1個、**パン粉**(乾燥) ⅔カップ、**牛乳**大さじ1と½、**塩**小さじ⅕、**こしょう**少々

B | **トマトケチャップ**大さじ3、**ウスターソース**大さじ1、**水**⅓カップ、**砂糖**小さじ¼、**片栗粉**小さじ½

オリーブ油…小さじ1

ブロッコリー(小房に分けてゆでる)…½株分

にんじん(2～3㎜幅の輪切りにし、ゆでる)…½本分

作り方

1 ボウルにひき肉、Aを入れてパン粉の粒が見えなくなるまでこねる。3等分にし、そのうちの1個は2等分にして楕円形に成形する。

2 フライパンにオリーブ油をひき、1を並べる。中火にかけて蓋をし、2分ほど焼いてフライパンが温まってきたら弱火にし、2～3分焼く。

3 裏返して蓋をし、同様に4分ほど焼いて火を通す。竹串を刺して透明な汁が出たら取り出して器に盛る。

4 フライパンの余分な油を拭き取り、Bを入れて中火にかけ、混ぜながらとろみがつくまで煮る。

5 3に4のソースをかけ、つけ合わせの野菜を添える。

食べやすくするヒント

1歳半～2歳　食べにくければ薄く切る。

1歳半～5歳　ソースは最後に大さじ1～2のお湯を加えて薄める。

保存&解凍法

冷蔵　密閉保存容器に入れて冷蔵庫へ。

冷凍　ラップで包んで冷凍用保存袋に入れて密閉し、冷凍庫へ。

解凍　電子レンジで解凍。

献立のヒント

主食 ごはん

汁物 さつまいもといんげんのみそ汁→P102

ふっくらやわらかくておいしい!

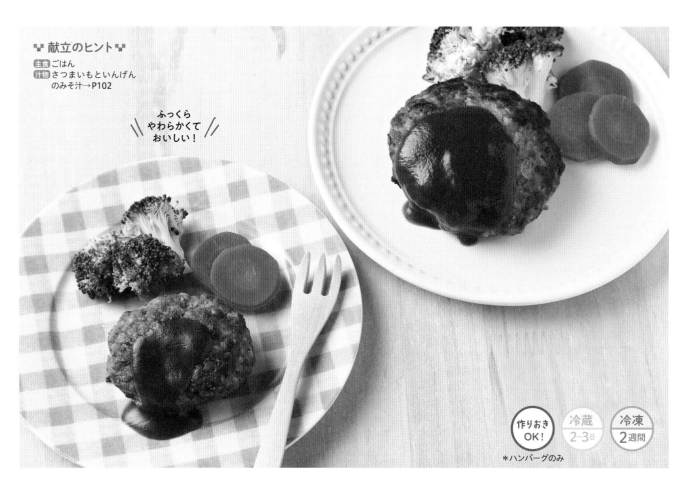

作りおきOK!　冷蔵 2～3日　冷凍 2週間

＊ハンバーグのみ

＊具のみ

鶏ひき肉の親子丼風

ひき肉にすれば小さい子どもも食べやすい

材料（大人2人分＋子ども2人分）

鶏ひき肉…150g

A | **玉ねぎ**（薄切りにし、2～3等分の長さに切る）½個分、**水**150㎖、**しょうゆ**大さじ2、**砂糖・みりん**各大さじ1、**和風だしの素**（顆粒）小さじ½

溶き卵…3個分

あたたかいごはん…茶碗3杯分（大人2杯分＋子ども2杯分）

作り方

1 フライパンにひき肉、Aを入れて中火にかける。ひき肉はかたまりが少し残る程度に軽くほぐし、沸騰させる。弱火にして蓋をし、3分ほど煮て火を通す。

2 1に溶き卵を回し入れ、蓋をする。3分ほど加熱し、しっかりと火を通す。

3 器にごはんを盛り、2をのせる。

＊大人用＊ 好みで三つ葉を添える。

ワンポイントアドバイス

子ども用の卵は半熟ではなく、中までよく火を通しましょう。

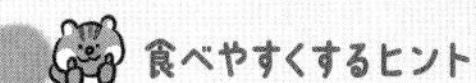

1歳半～2歳 食べにくければ薄く切る。

1歳半～5歳 タレは最後にお湯大さじ1～2を加えて薄める。

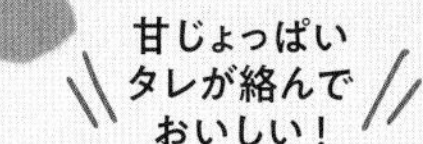

甘じょっぱいタレが絡んでおいしい！

献立のヒント

主食 ごはん

副菜 トマトのごまあえ→P87

作りおきOK！ 冷蔵 2～3日 冷凍 2週間

＊鶏つくねのみ

きざみ野菜入り みそ風味鶏つくね

野菜嫌いの子どもでもパクパク食べられる！

材料（大人2人分＋子ども2人分）

鶏ももひき肉（または豚ひき肉）…250g

A | **にんじん**（せん切りピーラーで細いせん切りにし、2㎝長さに切る）⅓本分、**長ねぎ**（みじん切り）・**パン粉**（乾燥）各大さじ3、**塩**小さじ⅙、**しょうが**（すりおろす）小さじ¼

B | **水**大さじ3、**しょうゆ・みりん**各小さじ2、**砂糖・片栗粉**各小さじ½

サラダ油…小さじ1

サラダ菜…適宜

作り方

1 ボウルにひき肉、Aを入れて練り混ぜ、4～5㎝大きさの小判形に成形する。

2 フライパンにサラダ油を中火で熱し、1を並べる。蓋をして1～2分焼いたら弱火にし、2分ほど焼く。裏返して蓋をし、3～4分焼いて火を通す。

3 フライパンの余分な油を拭き取り、混ぜ合わせたBを加えて中火でとろみがつくまで30秒～1分煮絡める。好みでサラダ菜などを添えても。

食べやすくするヒント
1歳半〜2歳 ナゲットは薄切りか、そぎ切りにする。
ケチャップにつけて召し上がれ
作りおきOK!
冷蔵 2〜3日
冷凍 2週間
献立のヒント
主食 ロールパン
副菜 キャベツとコーンのコールスロー→P80

献立のヒント
副菜 ポテトサラダ→P85
ミートソースがよく絡んでおいしい!
食べやすくするヒント
1歳半〜5歳 スパゲッティは食べやすい長さに切る。
作りおきOK!
冷蔵 2〜3日
冷凍 2週間
＊ミートソースのみ

ふんわりチキンナゲット

サクッとふわふわでおいしい！

材料（大人2人分＋子ども2人分）

鶏ひき肉…250g

A | **玉ねぎ**（みじん切り）大さじ2、**卵**½個、**パン粉**（乾燥）½カップ、**塩**小さじ⅙

薄力粉…適量

B | **溶き卵**½個分、**薄力粉**70g、**水**⅓カップ、**コンソメスープの素**（顆粒）小さじ⅔

揚げ油…適量

トマトケチャップ…適量

作り方

1 ボウルにひき肉、Aを入れて練り混ぜ、5〜6㎝の小判形に成形して薄力粉を全体にまぶす。

2 別のボウルにBを入れて混ぜ合わせ、ホットケーキの生地程度の固さにする。

3 深めのフライパンに底から2㎝ほどの揚げ油を入れて中火にかけ、1を2にくぐらせて静かに入れる。

4 1〜2分揚げ、裏返してときどき上下を返しながら4分ほど揚げる。器に盛り、ケチャップを添える。

＊大人用＊ 熱いうちにあればハーブソルトをかける。

ミートソーススパゲッティ

子どもも大人も大好きな味

材料（大人2人分＋子ども2人分）

合いびき肉…300g

A | **玉ねぎ**（みじん切り）⅓個分、**にんにく**（みじん切り）½かけ分、**オリーブ油**大さじ1

B | **カットトマト缶**（水煮）400g、**水**100㎖、**酒**大さじ1、**塩**小さじ⅕

粉チーズ…大さじ1

スパゲッティ（1.4〜1.6㎜／2〜3等分に折る）…300g

粉チーズ…適量

作り方

1 フライパンにひき肉を入れて中火で炒め、余分な脂を拭き取る。Aを加えて3〜4分炒め、Bを加えて沸騰したら蓋をする。

2 弱火にし、ときどき混ぜながら15〜20分煮る。粉チーズ大さじ1を加えて混ぜ、火を止める。

3 鍋に水1.5ℓ（分量外）を沸かし、塩小さじ1（分量外）、スパゲッティを入れて袋の表示通りにゆでる。ザルにあげて2に加え、中火で30秒ほど炒める。大人用を器に盛る。子ども用は水大さじ2〜3（分量外）を加え、やわらかくなるまで2〜3分炒めて器に盛る。粉チーズ適量をふる。

＊大人用＊ 好みで粉チーズ・みじん切りにしたパセリ・黒こしょうをかける。

献立のヒント
主食 ごはん
副菜 ちんげん菜とトマトの中華風サラダ→P74
外はパリッと
中はジューシーな
お肉が美味!
作りおきOK!
冷蔵 1~2日
冷凍 1週間

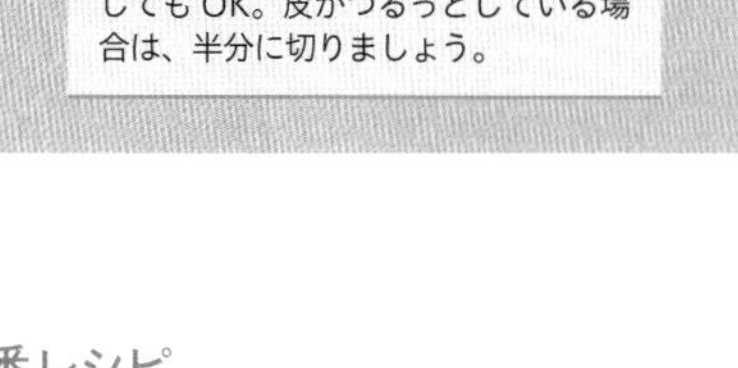

ワンポイントアドバイス

1～2歳児や硬いものが苦手な子どもには焼いた裏面が硬くなる前に取り出してもOK。皮がつるっとしている場合は、半分に切りましょう。

焼き餃子

子どもが喜ぶ中華の定番レシピ

材料（大人2人分+子ども2人分）

豚ひき肉…170g
キャベツ（みじん切り）…180g
塩…ひとつまみ
A | **しょうゆ・片栗粉**各大さじ½、**砂糖**小さじ½
餃子の皮…24枚
水…100㎖
サラダ油…小さじ½
ごま油…小さじ1～1と½
ポン酢しょうゆ…適宜

作り方

1 キャベツに塩をふって軽くもみ、5分ほどおいたら水けをよく絞る。
2 ボウルにひき肉、A、1を入れて練り混ぜ、餃子の皮のふちに水（分量外）をつけて肉だねを包む。これを24個作る。
3 フライパンにサラダ油をひき、2を並べる。中火にかけ、1～2分焼いて餃子の裏面が軽く白っぽくなったら水を加える。蓋をして5～6分焼き、水けがほとんどなくなったら蓋を開けてごま油を回し入れ、焼き目がつくまで焼く。好みでポン酢しょうゆを添える。

＊大人用＊ タレにラー油を加えても。

ロール白菜（コンソメ味）

肉だねがやわらかい！白菜がみずみずしい！

材料（大人2人分+子ども2人分）

豚ひき肉…300g
A | **玉ねぎ**（みじん切り）¼個分、**溶き卵**½個分、**パン粉**（乾燥）⅔カップ、**塩**小さじ¼
白菜の葉（大）…外葉6枚
B | **水**600～700㎖、**コンソメスープの素**（顆粒）小さじ2
水…適量

作り方

1 ボウルにひき肉、Aを入れて練り混ぜ、6等分にして丸く成形する。
2 耐熱皿に白菜をのせてふんわりとラップをし、電子レンジでしんなりするまで5～6分加熱する。冷水にとって水けをきる。
3 肉だね1つを白菜1枚の手前にのせて肉を包むように端から折りたたんで巻き、巻き終わりを爪楊枝でとめる。これを6個作る。
4 鍋に3、Bを入れて中火にかける。沸騰したら落とし蓋をして蓋をし、弱火にして30分ほど煮る（水分が足りなくなったら水100㎖ずつ加える）。爪楊枝を取り、子ども用は1㎝厚さの輪切りにして器に盛る。

鶏の筑前煮

ほっとする味つけ。れんこんは薄く切って食べやすく

材料（大人2人分＋子ども2人分）

鶏もも肉…1枚（250g）
れんこん（乱切り）…80g
大根（1cm厚さのいちょう切り）…6cm分
にんじん（乱切り）…½本分
里いも（2～4等分に切る）…3個分
A ｜ **水**200mℓ、**しょうゆ・みりん**各大さじ2、
｜ **砂糖・酒**各大さじ1、
｜ **和風だしの素**（顆粒）小さじ½
さやいんげん（3～4cm長さに切る）…6本分
ごま油…小さじ1

作り方

1 鶏肉は皮と脂を取り除き、3～4cm四方に切る。

2 鍋にごま油を中火で熱し、さやいんげん以外の野菜、1を入れ、2～3分炒める。

3 Aを加えて沸騰したら弱火にし、蓋をして15分ほど煮る。さやいんげんを加えて野菜がやわらかくなるまで5分ほど煮る。

4 子ども用を取り出し、れんこんを3mm厚さに薄く切ってほかの具材も食べやすい大きさに切る。

＊大人用＊ 煮汁が多ければ軽く煮詰める。

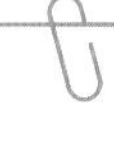

ワンポイントアドバイス

子ども用のれんこんは薄く（または小さく）切りましょう。煮込んでおくと最後に切りやすくなります。

保存法

冷蔵　密閉保存容器に入れて冷蔵庫へ。

献立のヒント

主食 ごはん
副菜 トマトとツナのせ冷やっこ→P64

ゴロッと野菜が一気にとれる

作りおきOK！　冷蔵 2~3日　冷凍 NG

＊蒸し鶏のみ

タレは1人分小さじ1～1と½に対して水小さじ1で薄める。
献立のヒント
主食 そうめん
ささみ肉と
主食 ごはん
汁物 具だくさん野菜のみそ汁→P100
食べやすくするヒント
1歳半~5歳 鶏肉の皮を取り除き、そぎ切りにする。
作りおき OK!
冷蔵 2~3日
冷凍 2週間
ジューシーな
鶏肉と
タレがマッチ!

＊照り焼きのみ

バンバンジー風蒸し鶏

野菜と一緒に召し上がれ

材料（大人2人分＋子ども2人分）

鶏ささみ肉…5～6本（200～240g）
塩…少々
水…大さじ1
A｜**白すりごま**大さじ2、**しょうゆ・ごま油**各大さじ1、
｜**砂糖・酢**各小さじ2、**みそ**小さじ1
トマト（4等分に切り、5㎜厚さの薄切り）…1個分
きゅうり（せん切り）…1と½本分

作り方

1 鶏肉は筋を取り除いて耐熱皿にのせ、塩を全体にまぶして水をかける。ふんわりとラップをし、電子レンジで1分30秒加熱する。上下を返してふんわりとラップをし、2分ほど加熱して火を通す（加熱が足りなければ20秒ずつ追加する）。粗熱が取れたら細かくさく。
2 ボウルにAを入れて混ぜ合わせる。
3 器にトマト、きゅうり、1を順に盛り、2をかける。

＊大人用＊
・Aにみじん切りにした長ねぎ大さじ1と½を加えて混ぜる。
・好みでラー油を回しかけても。

鶏の照り焼き

甘いタレが絡んで食欲増進！

材料（作りやすい分量［大人2人分＋子ども2人分］）

鶏もも肉…2枚（500g）
薄力粉…大さじ1
A｜**水**大さじ3、**しょうゆ**大さじ1と½、**みりん**大さじ1、
｜**砂糖**大さじ½、**片栗粉**小さじ⅓
サラダ油…小さじ1
ブロッコリー（小房に分けてゆでる）…½株分

作り方

1 鶏肉は水けをよく拭き取り、肉からはみ出る皮と脂を取り除いて薄力粉をまぶす。
2 フライパンにサラダ油をひき、1の皮目を下にして並べる。中火にかけて蓋をし、皮に焼き目がつくまで4分ほど焼く。裏返して蓋をし、同様に4分ほど焼いて火を通す。
3 2の余分な脂を拭き取り、Aを加えて煮絡める。食べやすい大きさに切り、子ども用は皮を取り除き、そぎ切りにして器に盛り、煮汁をかける。ブロッコリーを添える。

ソースに
つけて
どうぞ!

献立のヒント
主食 ごはん
汁物 夏野菜のトマトスープ
→P103

作りおき OK! 冷蔵 2〜3日 冷凍 2週間

ささみのフライ

外はサクッと中はジューシー

材料(大人2人分+子ども2人分)

鶏ささみ肉…6本(250g)
塩…少々
A | **薄力粉・溶き卵・パン粉**(乾燥)各適量
揚げ油…適量
ソース…適量

作り方

1 鶏肉は筋を取り除いて半分の長さに切り、塩をふってAを順につける。
2 鍋に揚げ油を170℃に熱し、1を入れて表面が固まったらときどき上下を返しながら4〜5分揚げて油をきる。
3 子ども用は食べにくそうであれば、粗熱を取ってそぎ切りにする。ソースを添える。

＊大人用＊ くし形切りにしたレモン適量を添える。

ワンポイントアドバイス

ささみはやわらかいので、小さいそぎ切りにしなくても大丈夫です。ある程度噛み切れるくらいの大きさは、噛む力をつけるためにも必要です。

献立のヒント
主食 ごはん
副菜 グリーンサラダ→P81

食べやすくするヒント
(1歳半〜5歳) 食べにくければ薄く切る。

揚げてから
食べやすく
カット!

ワンポイントアドバイス

揚げる前に切ると硬くなり、油も多くなるので、揚げたあとに切るのがポイント。小さく切るよりも薄く切るようにしましょう。

作りおき OK! 冷蔵 2〜3日 冷凍 2週間

鶏のから揚げ

みんな大好き！ジュワッとおいしい

材料(大人2人分+子ども2人分)

鶏もも肉…大1枚(300g)
A | **しょうゆ**大さじ2、**片栗粉**大さじ1、**酒**大さじ½、**しょうが**(すりおろす)小さじ¼
片栗粉…適量
揚げ油…適量

作り方

1 鶏肉は子ども用は皮を取り除き、4㎝四方に切る。ボウルに入れ、Aを加えてもみ込み、15分ほど漬ける。
2 トレーに片栗粉を広げ、1の汁けを軽くきってのせ、上から片栗粉をかけてから手でしっかり粉をまぶす。
3 鍋に揚げ油を170℃に熱し、2を入れて表面が固まったらときどき上下を返しながら6〜7分揚げて油をきる。
4 粗熱が取れたら子ども用は厚みが薄くなるようそぎ切りにして器に盛る。

＊大人用＊ くし形切りにしたレモン適量を添える。

食べやすくするヒント

1歳半〜5歳 鶏肉の皮は取り除き、鶏肉が大きければ、そぎ切りにする。

献立のヒント

主食 ごはん
副菜 コーンのミックスビーンズサラダ →P82

作りおきOK！ 冷蔵 2日 冷凍 1週間

食べやすくするヒント

1歳半〜5歳 鶏肉の皮は取り除き、食べにくければ薄く切る。

ワンポイントアドバイス

スプーンで食べると鶏肉を丸飲みしてしまうこともあるので、フォークを添えて刺して食べても。

献立のヒント

主食 ロールパン
副菜 アスパラのマヨネーズ焼き→P75

作りおきOK！ 冷蔵 2日 冷凍 2週間

鶏肉とアスパラのクリーム煮

生クリームでコクをプラス！

材料（作りやすい分量）

鶏もも肉…小2枚（400〜450g）
塩…少々
薄力粉…適量
玉ねぎ（薄切りにし、2〜3等分に切る）…⅓個分
しめじ（細かくきざむ）…80g
グリーンアスパラガス
（下半分の皮をピーラーで薄くむき、4㎝幅の斜め切り）
…4本分
A | **牛乳**200㎖、**生クリーム**100㎖、**塩**小さじ¼
オリーブ油…小さじ1

作り方

1 鶏肉は皮と脂を取り除き（皮は最後に子ども用だけ取り除いてもOK）、4〜5㎝四方に切って塩、薄力粉をまぶす。
2 フライパンにオリーブ油をひき、1を並べて玉ねぎ、しめじを入れる。中火にかけて蓋をし、3〜4分焼く。裏返してアスパラを加える。同様に3〜4分焼いて余分な脂を拭き取る。
3 Aを加え、混ぜながら2〜3分煮て器に盛る。

＊大人用＊ 好みで粗びき黒こしょうをふる。

鶏のトマト煮込み

鶏肉のうま味がベストマッチ！

材料（作りやすい分量）

鶏もも肉…小2枚（400〜450g）
塩…少々
薄力粉…適量
玉ねぎ（薄切りにし、2〜3等分に切る）…½個分
酒…大さじ1
A | **ホールトマト缶**（水煮）300g、**水**100㎖、
 | **コンソメスープの素**（顆粒）小さじ1、**砂糖**小さじ½
塩…少々
オリーブ油…小さじ1

作り方

1 鶏肉は皮と脂を取り除き（皮は最後に子ども用だけ取り除いてもよい）、4〜5㎝四方に切って塩、薄力粉をまぶす。
2 フライパンにオリーブ油を中火で熱し、1、玉ねぎを入れる。途中玉ねぎを混ぜながら鶏肉に焼き目がつくまで3〜4分焼く。
3 酒を加えて沸騰したらAを加え、トマトをつぶしながら沸騰させる。弱火にして蓋をし、15分ほど煮て塩で味を調える。

＊大人用＊ 子ども用を取り分けたあとに、すりおろしたにんにく½かけ分、オリーブ油小さじ1、タバスコ適量を加えて中火で2〜3分煮る。好みで粗びき黒こしょうをふっても。

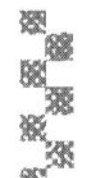

豚肉の野菜たっぷりカレー

野菜がたっぷりでごはんと一緒に食べられる！

材料（大人2人分＋子ども2人分）

豚ロース薄切り肉
（しゃぶしゃぶ用／3cm長さに切る）…200g
玉ねぎ（1cm幅のくし形切りにし、3等分に切る）…⅔個分
にんじん（小さめの乱切り）…1本分
かぼちゃ（2〜3cm角に切る）…⅛個分（150g）
薄力粉…大さじ1
トマト（2cm四方に切る）…1個分
A | **水**200mℓ、**ウスターソース**大さじ1と⅓、**カレー粉**小さじ1、**塩**少々
あたたかいごはん…茶碗3杯分（大人2杯分＋子ども2杯分）
オリーブ油…小さじ1

作り方

1 鍋にオリーブ油を中火で熱し、豚肉、玉ねぎ、にんじん、かぼちゃを加えて2分ほど炒める。全体に薄力粉をふり、1〜2分炒める。

2 トマト、Aを加え、沸騰したら弱火にして蓋をし、ときどきかぼちゃを崩さないように静かに混ぜながら15分ほど煮る。

3 器にごはんとカレーを盛る。

＊大人用＊ 好みでカレー粉をプラスして加えてさらに2〜3分煮る。

食べやすくするヒント

豚肉は硬くて噛み切りにくいことがあるので、食べにくければキッチンバサミで小さく切る。

保存法

密閉保存容器に入れて冷蔵庫へ。

献立のヒント
副菜 キャベツとコーンのコールスロー→P80

ゴロゴロ野菜がおいしい！

作りおきOK！ 冷蔵 2日 冷凍 NG

切れば
彩りも
きれいに

食べやすくするヒント

1歳半～5歳 豚肉は野菜を巻くことで食べやすくなるが、噛み切れなければ食べやすい大きさに切る。

作りおきOK! 冷蔵 2日 冷凍 1週間

献立のヒント
主食 ごはん
副菜 ポテトサラダ→P85

豚肉の野菜巻き

野菜をお肉で包んでおいしく

材料(大人2人分+子ども2人分)

豚ロース薄切り肉(しゃぶしゃぶ用)…250g
さやいんげん…8本
にんじん(5㎝長さのせん切り)…⅓本分
薄力粉…適量
A | **水**大さじ3、**しょうゆ・みりん**各大さじ1、**砂糖**小さじ1、**片栗粉**小さじ⅓
ごま油…小さじ½

作り方

1 さやいんげんは5～6分ゆで、ザルにあげて粗熱を取り、斜め薄切りにする。にんじんは3～4分ゆでてザルにあげ、水けをきる。
2 豚肉を広げて並べ、表面に薄く薄力粉をふる。1を肉の枚数分ずつ分け、1個分を豚肉の手前にのせてきつく巻く。巻き終わりを手でおさえ、薄力粉をまぶす。残りも同様に作る。
3 フライパンにごま油をひき、2の巻き終わりを下にして並べる。中火にかけて蓋をし、1～2分加熱する。弱火にし、ときどき転がしながら8分ほど焼いて火を通す。
4 余分な脂を拭き取り、混ぜ合わせたAを加えて中火で30秒～1分煮絡める。子ども用は食べやすい大きさに切る。

野菜が
たっぷり
とれる!

食べやすくするヒント

1歳半～2歳 キッチンバサミで小さく切る。

3～5歳 食べにくければ肉で野菜を巻くと食べられることがあるので、一緒に口に入れるように声かけしても。

作りおきOK! 冷蔵 2日 冷凍 1週間

献立のヒント
主食 ごはん
副菜 さつまいもの煮物→P84

豚しゃぶ肉の野菜炒め

豚肉のうま味が野菜に染み込む

材料(大人2人分+子ども2人分)

豚ロース薄切り肉(しゃぶしゃぶ用／2～3㎝長さに切る)…200g
にんじん(2～3㎜厚さ、4㎝長さの短冊切り)…⅓本分
キャベツ(2～3㎝四方に切る)…⅕玉分
ピーマン(8㎜幅の細切り)…2個分
もやし(2～3等分の長さに切る)…150g
A | **しょうゆ**大さじ½、**鶏がらスープの素**(顆粒)小さじ⅓、**塩**少々
水溶き片栗粉…水大さじ1と½+片栗粉大さじ½
ごま油…大さじ1

作り方

1 フライパンにごま油を中火で熱し、豚肉を入れて色が変わるまで2～3分炒める。
2 材料欄の順に野菜を加えながら野菜に火が通るまで3～4分炒める。
3 Aを加えて手早く炒め、水溶き片栗粉を加えて全体にとろみがつくまで炒める。

＊大人用＊ 好みで最後に塩・こしょう少々をふって混ぜても。

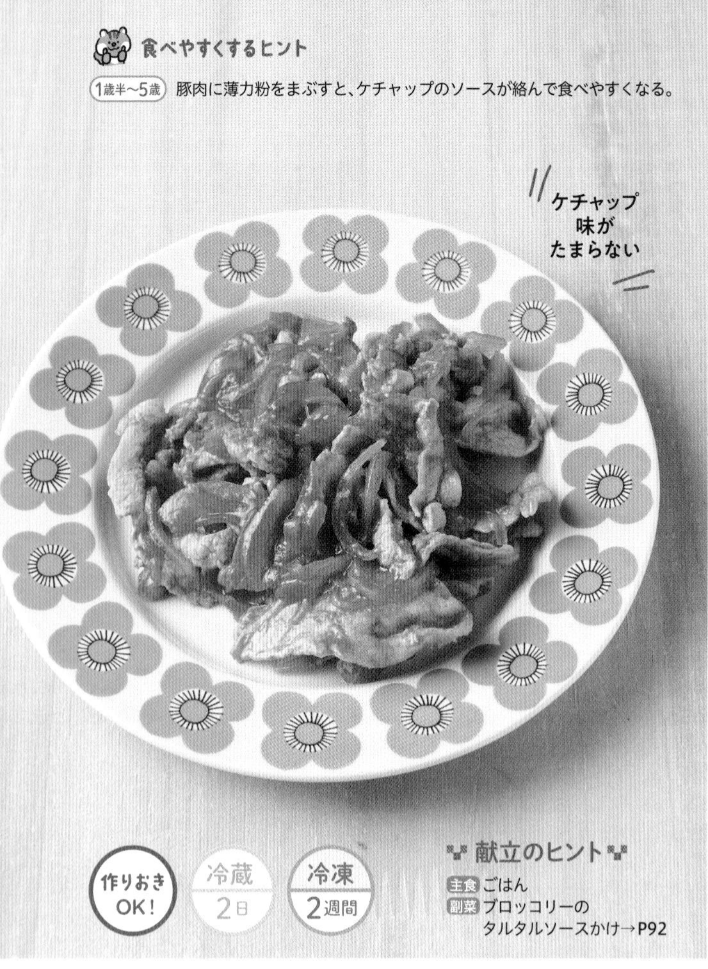

食べやすくするヒント
1歳半〜5歳 豚肉に薄力粉をまぶすと、ケチャップのソースが絡んで食べやすくなる。
ケチャップ味がたまらない
献立のヒント
主食 ごはん
副菜 ブロッコリーのタルタルソースかけ→P92
作りおきOK!
冷蔵 2日
冷凍 2週間

献立のヒント
主食 鮭とひじきの炊き込みごはん→P107
汁物 豆腐とにんじんと青菜のすまし汁→P102
食べやすくするヒント
1歳半〜5歳 野菜はピーラーで薄くスライスすると食べやすくなるのでおすすめ。
ひらひら野菜で食べやすい!
作りおきOK!
冷蔵 2日
冷凍 NG

ポークチャップ

子どもが大好きなケチャップをたっぷりと

材料（大人2人分＋子ども2人分）

豚ロース薄切り肉（しゃぶしゃぶ用／5cm長さに切る）…300g
塩…少々
薄力粉…適量
玉ねぎ（薄切りにし、2〜3等分の長さに切る）…½個分
A | **トマトケチャップ**50㎖、**水**大さじ3、**ウスターソース**小さじ½〜1
オリーブ油…大さじ½

作り方

1 豚肉に塩、薄力粉をまぶす。
2 フライパンにオリーブ油を中火で熱し、1、玉ねぎを並べる。ときどき上下を返しながら4〜5分焼く。
3 余分な脂を拭き取り、Aを加えて1分ほど煮絡める。子ども用は食べにくければ食べやすい大きさに切る。好みでレタスを添えても。

豚肉と野菜のしゃぶしゃぶサラダ

ごまダレでクリーミーなサラダに

材料（大人2人分＋子ども2人分）

豚ロース薄切り肉（しゃぶしゃぶ用／5cm長さに切る）…250g
にんじん…1本
キャベツ（5mm幅のせん切りにし、2〜3等分の長さに切る）…⅙玉分
A | **白練りごま**大さじ1と½、**水**小さじ1〜1と½、**砂糖・酢・しょうゆ**各小さじ1

作り方

1 にんじんはピーラーでりぼん状に薄く削り、5〜6cm長さに切る。最後の削りにくい部分は5cm長さの薄い短冊切りにする。
2 1、キャベツを3〜4分ゆでてザルにあげ（湯は残しておく）、水けをよくきる。同じ湯で豚肉を3〜4分ゆでてザルにあげる。
3 子ども用は豚肉が食べにくければ食べやすい大きさに切る。器に2を盛り、混ぜ合わせたAをかける。

ワンポイントアドバイス

練りごまはアレルギーが出る可能性もあるので、初めて食べるときは少量ずつ様子を見ましょう。

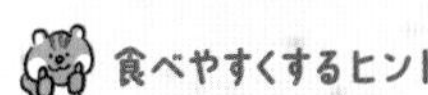
食べやすくするヒント

(1歳半～2歳) 食べにくければ大根をフォークで粗くつぶし、豚肉と絡めながら食べる。

(1歳半～5歳) 大根が硬ければ煮込み時間を少し長くする。

大根の葉も
余すところなく
使って!

献立のヒント

主食 ごはん

副菜 トマトとしらすのしょうゆあえ→P87

作りおきOK! 冷蔵 2~3日 冷凍 NG

豚肉と大根の煮物

大根はやわらかくなるまで煮込んで

材料（大人2人分+子ども2人分）

豚肩ロース薄切り肉（3㎝長さに切る）…150g

大根（皮を厚めにむき、1㎝厚さのいちょう切り）…⅓本分

A | **だし汁**1～1と⅓カップ、**しょうゆ・酒・みりん**各大さじ1、**砂糖**小さじ1

大根の葉（あれば／5㎜幅に切る）…適量

ごま油…小さじ½

作り方

1 鍋にごま油を中火で熱し、豚肉、大根を入れて2分ほど炒める。

2 Aを加えて沸騰したらアクを取り除く。弱火にして蓋をし、途中上下を返すように1度混ぜ、大根がやわらかくなるまで15～20分煮る。大根の葉を加えて2～3分煮る。好みで軽く煮詰める。

豚肉は
丸く形を
整えて!

献立のヒント

主食 ごはん

副菜 たたききゅうりのナムル→P81

食べやすくするヒント

(1歳半～5歳) 食べにくければキッチンバサミで食べやすい大きさに切る。

ワンポイントアドバイス

豚かたまり肉は幼児にはまだ硬い食材なので、薄切り肉に片栗粉をまぶして丸めて使うとよいでしょう。

作りおきOK! 冷蔵 2日 冷凍 1週間

ひらひら肉酢豚風

とろっと甘酸っぱいタレが絡んで美味！

材料（大人2人分+子ども2人分）

豚ロース薄切り肉（しゃぶしゃぶ用／5㎝長さに切る）…250g

塩…少々

片栗粉…大さじ1

にんじん（小さめの乱切り）…⅓本分

ピーマン（小さめの乱切り）…3個分

A | **水**50㎖、**砂糖**大さじ1と½、**しょうゆ**大さじ1と⅓、**酢**大さじ1、**片栗粉**大さじ½、**トマトケチャップ**小さじ1、**鶏がらスープの素**（顆粒）小さじ½、**ごま油**小さじ¼

ごま油…大さじ½

作り方

1 豚肉に塩、片栗粉をまぶし、軽く握って平たく丸くなるように成形する。

2 耐熱容器ににんじん、水50㎖（分量外）を入れてふんわりとラップをする。電子レンジで3分ほど加熱し、水けをきる。

3 フライパンにごま油を中火で熱し、**1**、**2**、ピーマンを入れて4分ほど炒める。

4 混ぜ合わせたAを加えてとろみがつくまで煮絡める。子ども用は食べやすい大きさに切る。

トマト風味のハッシュドビーフ

お肉がたっぷり！　ぺろりと食べられる

材料（大人2人分＋子ども2人分）

牛こま切れ肉（2㎝長さに切る）…300g
塩…少々
玉ねぎ（薄切りにし、2〜3等分の長さに切る）
…½個分
マッシュルーム
（3㎜幅に切り、2〜3等分に切る）…3個分
薄力粉…大さじ1と½
A　**水**150㎖、**トマトケチャップ**大さじ2、
ウスターソース・酒各大さじ1、
コンソメスープの素（顆粒）小さじ½、
塩少々
トマト（2㎝四方に切る）…1個分
バター…10g
あたたかいごはん
…茶碗3杯分（大人2杯分＋子ども2杯分）

作り方

1 牛肉に塩をまぶす。

2 鍋にバターを中火で熱し、1、玉ねぎ、マッシュルームを入れて3〜4分炒める。薄力粉を全体にふり、さらに2〜3分炒める。

3 A、トマトを加えて沸騰したらアクを取り除く。弱火にして蓋をし、ときどき混ぜながら15分ほど煮る。器にごはんを盛り、ハッシュドビーフをかける。

＊大人用＊ 好みでパセリを散らす。

食べやすくするヒント

1歳半〜5歳　肉や玉ねぎが食べにくければごはんと絡めて食べる。

保存＆解凍法

冷蔵　密閉保存容器に入れて冷蔵庫へ。

冷凍　冷凍用保存袋に入れて密閉し、冷凍庫へ。

解凍　電子レンジで解凍。

献立のヒント

副菜 にんじんとツナのサラダ
→P89
果物 りんご

ごはんが進むおいしさ！

ワンポイントアドバイス

玉ねぎやきのこ類など幼児が食べにくい食材は、トマト味にしてやわらかく煮込みましょう。ごはんと一緒に食べるとさらに食べやすくなります。混ぜるのを手伝ってあげてもよいでしょう。

作りおきOK！　冷蔵 2日　冷凍 1週間

＊ハッシュドビーフのみ

しっとり
やさしい
味わい

食べやすくするヒント

1歳半〜5歳 ・食べにくければ小さく切る、またはじゃがいもを軽くつぶす。
・さやいんげんが食べにくければ斜めに切る。

ワンポイントアドバイス

じゃがいもは皮を厚めにむき、芽をしっかり取り除きます。緑色になった部分は使わないようにしましょう。

作りおきOK! 冷蔵 2日 冷凍 NG

献立のヒント

主食 ごはん
副菜 キャベツとちくわのごま油あえ→P80

肉じゃが

牛肉と野菜に味が染み染み

材料(大人2人分+子ども2人分)

牛切り落とし肉(4㎝長さに切る)…200g
じゃがいも(6等分の大きさに切る)…2〜3個分
にんじん(乱切り)…½本分
玉ねぎ(1㎝幅のくし形切りにし、2〜3等分の長さに切る)…½個分
A **だし汁**150㎖、**しょうゆ**大さじ1と½、**酒・みりん**各大さじ1、**砂糖**小さじ2
さやいんげん(3㎝長さに切る)…6本分
ごま油…小さじ½

作り方

1 鍋にごま油を中火で熱し、牛肉、じゃがいも、にんじん、玉ねぎを入れて2〜3分炒める。
2 Aを加えて沸騰したらアクを取り除く。弱火にして蓋をし、15分ほど煮る。
3 さやいんげんを加えて5〜6分煮る。

食べやすくするヒント

1歳半〜5歳 ごぼうはピーラーで薄いささがきにして食べやすく。食べにくければごはんと混ぜても。

ごぼうは
ピーラーで
薄く!

作りおきOK! 冷蔵 2〜3日 冷凍 1週間

献立のヒント

主食 ごはん
副菜 アスパラの赤しそ風味あえ→P75

牛肉とごぼうのしぐれ煮風

食物繊維が豊富なごぼうと一緒に

材料(大人2人分+子ども2人分)

牛薄切り肉(3㎝長さに切る)…300g
ごぼう(皮をこそぎ、ピーラーで薄いささがきにする)…½本分
玉ねぎ(薄切りにし、2等分の長さに切る)…⅓個分
だし汁…200〜250㎖
しょうゆ…大さじ1と⅓
酒・みりん…各大さじ1
砂糖…小さじ2
しょうが(すりおろす)…小さじ¼

作り方

1 鍋に全ての材料を入れて混ぜ、中火にかけて沸騰したらアクを取り除く。
2 弱火にして蓋をし、ときどき混ぜながら15〜20分煮る。
＊大人用＊ 器に盛り、好みで七味唐辛子をふる。

たらとあさりのアクアパッツァ

食卓が華やかに！　たんぱく質とミネラルたっぷりおかず

材料（大人2人分＋子ども2人分）

生たら（切り身）…3切れ
塩…少々
あさり（砂抜き済み）…200g
にんにく（みじん切り）…小さじ⅓
玉ねぎ（薄切りにし、2～3等分の長さに切る）…⅓個分
パプリカ（黄／3㎝長さの細切り）…½個分
A｜**水**100㎖、**白ワイン**（または酒）大さじ1
トマト（小／2㎝角切り）…1個分
オリーブ油…大さじ½

作り方

1 たらは水けを拭き取る。骨と皮を取り除き、1切れを3～4等分に切って塩をふる。あさりは殻をこすり合わせてよく洗い、水けをきる。
2 フライパンにオリーブ油を中火で熱し、にんにく、たら、玉ねぎ、パプリカを入れて2分ほど焼き、たらに焼き目がついたらあさり、Aを加える。
3 沸騰したら弱めの中火にして蓋をし、5分ほど加熱する。あさりの口がしっかり開いたらトマトを加え、2分ほど加熱する。味を見て塩（分量外）をふり、子ども用はあさりを取り除く、または小さくきざんで器に盛る。

＊大人用＊
好みで粗びき黒こしょう・ハーブ（乾燥）をふり、くし形切りのレモンを添える。

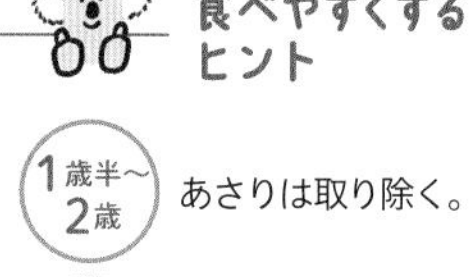

1歳半～2歳　あさりは取り除く。

3～5歳　あさりは小さくきざむ。

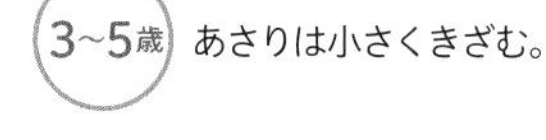

冷蔵　密閉保存容器に入れて冷蔵庫へ。

献立のヒント
主食 パン
副菜 ピーマンのツナチーズ焼き→P91

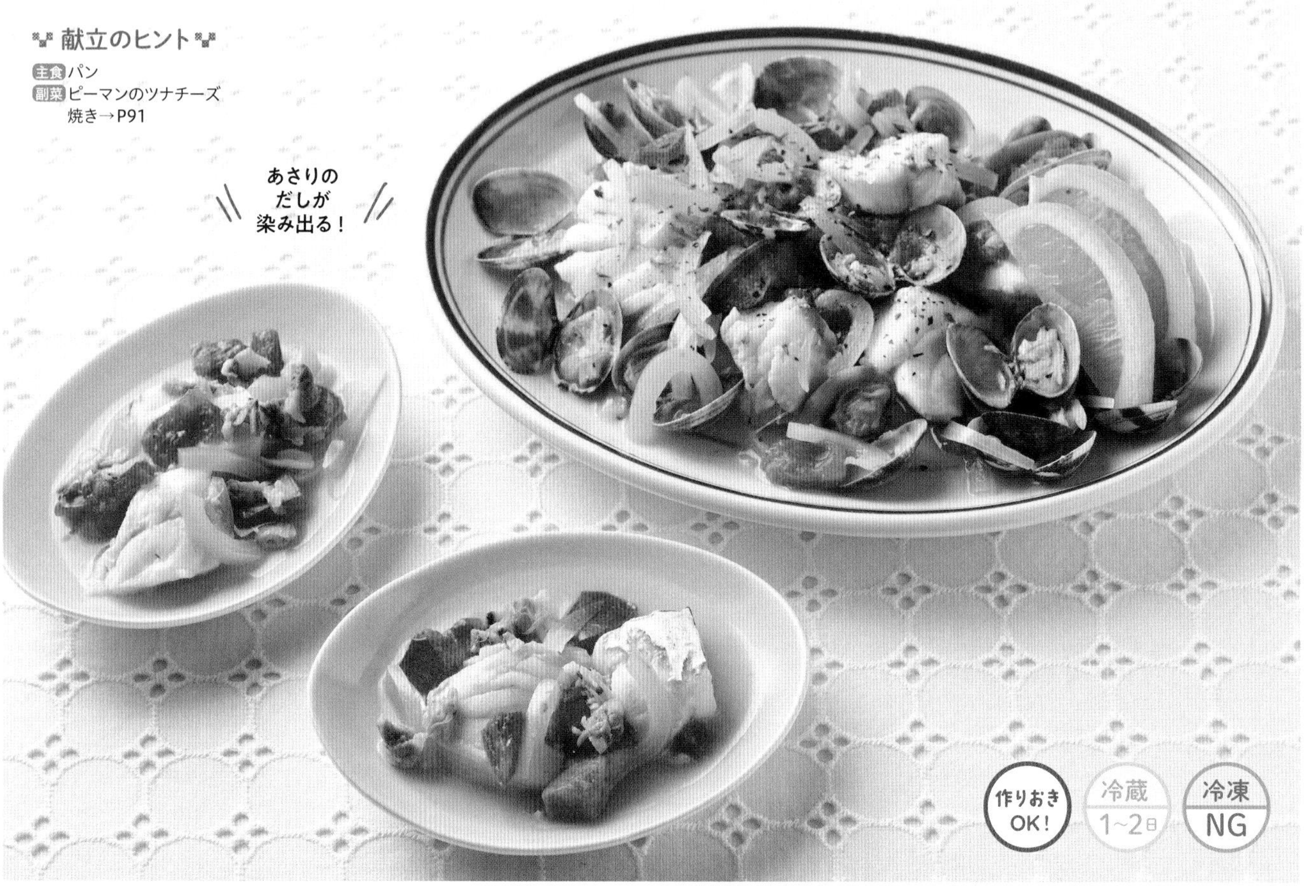

あさりのだしが染み出る！

作りおきOK！　冷蔵 1～2日　冷凍 NG

献立のヒント

主食 ごはん
副菜 きゅうりの春雨サラダ
→P81

とろっと
チーズが
絡む！

作りおきOK！ 冷蔵2日 冷凍1週間

たらのチーズのせ焼き

さっぱりのたらと濃厚なチーズが相性◎

材料（大人2人分＋子ども2人分）

生たら（切り身）…3切れ
みそ…小さじ1～1と⅓
ピザ用チーズ…80g

作り方

1 たらは水けを拭き取る。骨と皮を取り除き（大人用はそのままでもよい）、1切れを半分に切る。
2 天板にアルミホイルを敷き、**1**をのせてみそを塗り、チーズをのせる。オーブントースターの高温でチーズが溶けて火が通るまで8分ほど焼く。

＊アレンジ＊
みそをトマトケチャップ、または塩に変えても。

＊大人用＊
器に盛り、みじん切りにしたパセリ適量を散らす。

献立のヒント

主食 ごはん
副菜 ほうれん草のごまあえ→P74
にんじんとチーズのしっとりサラダ
→P89

たらの食感
ふわっと！

作りおきOK！ 冷蔵2日 冷凍1週間

たらの青のり入り天ぷら

青のりの風味が口の中に広がる

材料（大人2人分＋子ども2人分）

生たら（切り身）…3切れ
塩…少々
A｜**水**100mℓ、**卵**½個、**薄力粉**140～150g、
｜**ベーキングパウダー**（あれば）小さじ¼、**青のり**小さじ1
揚げ油…適量

作り方

1 たらは水けを拭き取る。骨と皮を取り除き、1切れを4等分に切って塩をふる。
2 ボウルに**A**を材料欄の順に混ぜながら入れる。
3 鍋に揚げ油を170℃に熱し、**1**を**2**にくぐらせて静かに入れる。ときどき上下を返しながら3～4分揚げて油をきる。

ワンポイントアドバイス

たらの大きさは気にしなくて大丈夫です。骨は必ず取り除くように気をつけましょう。

めかじきの甘酢あんかけ

甘酸っぱい味つけでごはんが進む

食べやすくするヒント

1歳半〜5歳　食べにくければ魚を小さく切ってからあんに絡めて食べる。

材料（大人2人分＋子ども2人分）

めかじき（切り身）…3切れ
塩…少々
薄力粉…大さじ1
にんじん（3〜4㎝長さのせん切り）…⅓本分
ピーマン（細切りにし、半分の長さに切る）…2個分
A　**だし汁**100㎖、**砂糖**大さじ1と½、**酢・しょうゆ**各大さじ1と⅓、**片栗粉**小さじ1と¼
サラダ油…大さじ1

作り方

1 めかじきは水けを拭き取る。1切れを4等分に切り、塩、薄力粉をまぶす。

2 フライパンにサラダ油を中火で熱し、**1**を入れて蓋をし、2〜3分焼く。裏返して蓋をし、2〜3分焼いて器に盛る。

3 **2**のフライパンににんじん、ピーマンを入れて2〜3分炒める。混ぜ合わせた**A**を加え、とろみがつくまで煮て**2**のめかじきにかける。

保存＆解凍法

冷蔵　密閉保存容器に入れて冷蔵庫へ。

冷凍　冷凍用保存袋に入れて密閉し、冷凍庫へ。

解凍　電子レンジで解凍。

献立のヒント
主食 ごはん
副菜 里いものみそ風味あえ →P84

野菜は細切りがおすすめ！

作りおきOK！　冷蔵 2日　冷凍 1週間

作りおきOK！ 冷蔵 2日 冷凍 1週間

＊めかじきのハム巻きのみ

献立のヒント

主食 ロールパン

副菜 かぼちゃのサラダ→P78

めかじきのハム巻きソテー

ハムでクルッと巻けばおいしさアップ

材料（大人2人分＋子ども2人分）

めかじき（切り身）…3切れ
塩…少々
薄力粉…適量
ロースハム（薄切り／半分に切る）…6枚分
オリーブ油…小さじ1
サラダ菜（ちぎる）…適量

作り方

1 めかじきは水けを拭き取る。1切れを横4等分に切り、塩、薄力粉をまぶす。めかじき1切れにハム1切れを巻きつける。これを12個作る。
2 フライパンにオリーブ油を中火で熱し、1の巻き終わりを下にして入れ、蓋をして2〜3分焼く。裏返して蓋をし、2分ほど焼く。子ども用は食べやすい大きさに切る。
3 器にサラダ菜、2を盛る。好みでトマトケチャップをかけても。

食べやすくするヒント

1歳半〜2歳 さやいんげんは斜めに切るとさらに食べやすく。

作りおきOK！ 冷蔵 2日 冷凍 1週間

献立のヒント

主食 ごはん

副菜 グリーンサラダ→P81

めかじきの カレー風味クリーム煮

カレーとクリームの間違いない組み合わせ

材料（大人2人分＋子ども2人分）

めかじき（切り身）…3切れ
塩…少々
薄力粉…適量
A | **牛乳**300mℓ、**コンソメスープの素**（顆粒）・**カレー粉**各小さじ½
玉ねぎ（薄切りにし、2〜3等分の長さに切る）…⅓個分
さやいんげん（3〜4cm長さに切る）…6本分
B | **バター**10g、**薄力粉**大さじ1
オリーブ油…大さじ½

作り方

1 めかじきは水けを拭き取る。1切れを4等分に切り、塩、薄力粉をまぶす。Bは練り合わせておく。
2 フライパンにオリーブ油を中火で熱し、弱めの中火にしてめかじき、玉ねぎ、さやいんげんを入れて蓋をし、2〜3分焼く。裏返して蓋をし、ときどき野菜を軽く混ぜながら2〜3分焼く。
3 2にA、Bの順に加え、めかじきが崩れないように静かに混ぜながらとろみがつくまで加熱する。味を見て塩（分量外）をふる。

鮭とじゃがいものグラタン

何度もリクエストされるほどおいしい!

食べやすくするヒント

パサつきが気になる魚は、ホワイトソースでとろみをつけて食べやすく。

材料（大人2人分＋子ども2人分）

生鮭（切り身）…2切れ
塩…少々
じゃがいも（1㎝厚さの小さめのいちょう切り）…1～2個分（300g）
ホールコーン缶…50g
玉ねぎ（薄切りにして2～3等分の長さに切る）…⅓個分
薄力粉…大さじ3
A｜**牛乳**450㎖、**塩**小さじ⅓～½
ピザ用チーズ…100g
バター…30g

作り方

1 鮭は水けを拭き取る。骨と皮を取り除き、1切れを5～6等分に切って塩をふる。じゃがいもは水にさっとさらして水けをきる。コーンは汁けをきる。
2 耐熱容器にじゃがいも、水50㎖（分量外）を入れてふんわりとラップをし、電子レンジで竹串がスッと通るまで6分ほど加熱してザルにあげる。
3 フライパンにバターを中火で熱し、玉ねぎ、鮭を入れて鮭が崩れないように上下を返しながら軽く炒める。鮭は両面焼き目がつき、火が通ったら取り出す。
4 玉ねぎに薄力粉をふり、焦がさないように2分ほど炒める。**A**を加えて混ぜながらとろみがつくまで煮る。**2**、コーン、取り出した鮭を戻し入れて静かに混ぜる。
5 耐熱容器に**4**を入れ、チーズをかける。オーブントースターの高温でチーズに焼き目がつくまで5～8分加熱する。

保存＆解凍法

冷蔵　ぴっちりラップをして密閉し、冷蔵庫へ。（チーズをのせてトースターで焼く前の状態で保存し、食べる前によく加熱する。）

冷凍　耐熱容器ごと密閉し、冷凍庫へ。

解凍　冷蔵庫または電子レンジで解凍後、オーブントースターで中までよく焼く。

※容器は冷凍、電子レンジ、オーブントースターが可能なものを使う。

チーズをたっぷりかけて！

献立のヒント
主食　パン
副菜　トマトとしらすのしょうゆあえ→P87

作りおきOK！　冷蔵2日　冷凍1週間

献立のヒント
主食 ごはん
副菜 スティック大学いも →P84
鮭の骨はしっかり取ろう！
ワンポイントアドバイス
鮭の皮は残したままでも大丈夫ですが、骨は必ず取り除くように気をつけましょう。
作りおきOK！
冷蔵 1~2日
冷凍 1週間

献立のヒント
主食 ごはん
汁物 夏野菜のトマトスープ →P103
卵を絡めてよく焼いて
作りおきOK！
冷蔵 2日
冷凍 NG
＊鮭のチーズ風味ピカタのみ

鮭のフライパン蒸し

野菜はしんなりするまで炒めて

材料（大人２人分＋子ども２人分）

生鮭（切り身）…3切れ
塩・こしょう…各少々
キャベツ（3㎝四方のざく切り）…⅙玉分
にんじん（4㎝長さの短冊切り）…⅓本分
玉ねぎ（薄切りにし、2～3等分の長さに切る）…⅓個分
しめじ（ほぐす）…80g
バター…10g
酒（または水）…大さじ2
A | **みそ**大さじ2、**水**大さじ1、**砂糖**大さじ½、**にんにく**（すりおろす）小さじ⅓

作り方

1 鮭は水けを拭き取る。骨を取り除き、1切れを2～3等分に切って塩・こしょうをふる。
2 フライパンに全ての野菜、しめじ、鮭、ちぎったバターを順に入れて酒を回しかける。蓋をして中火にかけ、沸騰したら弱めの中火にする。
3 野菜がしんなりするまで8分ほど加熱し、混ぜ合わせたAの半量を加えて軽く炒め合わせる。

＊大人用＊器に盛り、好みで残りのAをかける。

鮭のチーズ風味ピカタ

チーズの香りが食欲をそそる！

材料（大人２人分＋子ども２人分）

生鮭（切り身）…3切れ
塩・こしょう…各少々
薄力粉…適量
A | **卵**1個、**粉チーズ**大さじ1と½、**牛乳**小さじ1
オリーブ油…大さじ½
サラダ菜（ちぎる）…適量
トマトケチャップ…適宜

作り方

1 鮭は水けを拭き取る。骨と皮を取り除き、1切れを3等分に切って塩・こしょう、薄力粉をまぶす。
2 ボウルにAを入れて混ぜ合わせる。
3 フライパンにオリーブ油を中火で熱し、1を2にくぐらせて入れる。蓋をして2～3分焼く。裏返して蓋をし、2～3分焼く。器に盛り、サラダ菜、好みでトマトケチャップを添える。

脂ののったぶりは煮込みや、野菜と一緒にさっぱり蒸してもおいしい。魚が苦手でも照り焼きにすれば食べやすくなります。

ぶり

ぶり大根

ぶりと大根がごろっと入った食べ応えのある一品

材料（大人2人分＋子ども2人分）

ぶり（切り身）…2～3切れ
大根（1.5㎝厚さの半月切り、またはいちょう切り）…⅓本分
A **しょうゆ**大さじ2、**砂糖**大さじ1と⅓、**みりん・酒**各大さじ1、**しょうが**（すりおろす）小さじ⅓
だし汁…300～400㎖
ごま油…小さじ1

作り方

1 ぶりは水けを拭き取る。骨があれば取り除き、1切れを3～4等分に切る。
2 鍋にごま油を中火で熱し、大根を入れて2～3分炒め、A、材料がかぶるくらいのだし汁を加える。沸騰したら弱火にして蓋をし、大根に竹串がスッと通るまで15分ほど煮る。
3 1を加えて落とし蓋をして蓋をし、弱めの中火にして10～15分煮る（汁けが足りなくなったらだし汁50㎖ずつ加える）。
4 煮汁が多ければ蓋を取り、中火にして軽く煮詰める。火を止め、そのまま20分ほどおくと味が染みる。子ども用は必要に応じて皮を取り除いて器に盛る。

食べやすくするヒント

1歳半～5歳 ひと口サイズのぶりと大根は、フォークや箸などを使って食べやすく。

保存法

冷蔵 密閉保存容器に入れて冷蔵庫へ。

献立のヒント
主食 ごはん
副菜 キャベツとちくわのごま油あえ→P80

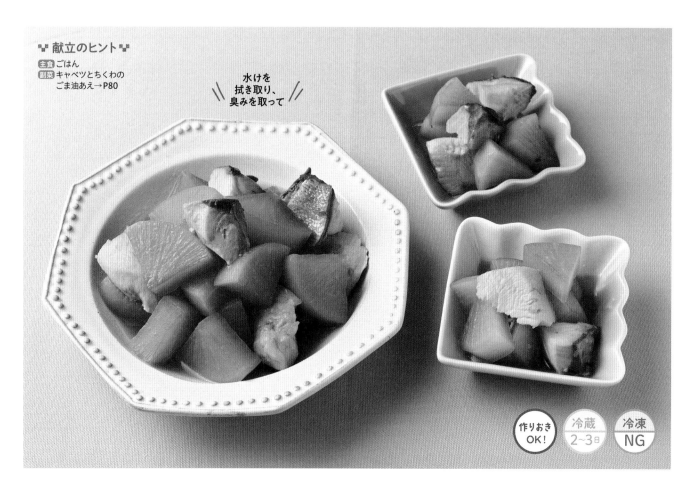

水けを拭き取り、臭みを取って

作りおきOK！ 冷蔵2～3日 冷凍NG

献立のヒント
主食 ごはん
副菜 大根と海藻のマヨネーズサラダ→P86
汁物 具だくさん野菜のみそ汁→P100
甘〜いタレがよく絡む！
ワンポイントアドバイス
自分でぶりの皮を取れない年齢の場合、取り除いてから器に盛りましょう。
作りおきOK！
冷蔵 2日
冷凍 1週間
＊ぶりの照り焼きのみ

ぶりと野菜のフライパン蒸し

やわらかいぶりを野菜にのせて

材料（大人2人分＋子ども2人分）

ぶり（切り身）…3切れ
塩…少々
長ねぎ（縦半分に切り、斜め薄切り）…⅓本分
にんじん（2〜3㎝長さのせん切り）…⅔本分
酒…大さじ1
ごま油…小さじ1
ポン酢しょうゆ（またはしょうゆ）…適宜

作り方

1 ぶりは水けを拭き取る。骨があれば取り除き、1切れを3〜4等分に切って両面に塩をふる。
2 オーブンシートに長ねぎ、にんじん、ぶりの順にのせる。酒、ごま油をかけて包み、両端をキャンディ状にねじる。大人用には好みでしょうがをのせて包む。
3 フライパンに水150㎖（分量外）を入れて2をおき、中火にかけて蓋をし、8〜10分加熱する。子ども用は皮を取り除いて器に盛る。好みでポン酢しょうゆをかけていただく。

ぶりの照り焼き

タレがとろっと絡んでおいしい

材料（大人2人分＋子ども2人分）

ぶり（切り身）…3切れ
薄力粉…適量
A | **水**大さじ2、**しょうゆ・みりん**各大さじ1〜1と⅓、**砂糖**小さじ1〜1と½
ごま油…小さじ1

作り方

1 ぶりは水けを拭き取る。骨があれば取り除き、子ども用は1切れを半分に切る。薄力粉を薄くまぶす。
2 フライパンにごま油を中火で熱し、盛りつけたときに上になる面を下にして入れる。蓋をして焼き目がつくまで2分ほど焼き、裏返して蓋をし、2分ほど焼く。
3 フライパンの余分な油を拭き取り、Aを加えて1分ほど煮絡める。子ども用は必要に応じて皮を取り除いて器に盛る。

＊大人用＊ 器に青じそ1枚をのせ、ぶりを盛る。

あじのピザ風チーズ焼き

ピザの材料をあじにのせるだけ！

ワンポイントアドバイス

・年齢が低いうちは小骨を見つけるのが難しいので調理するときに手と目でよく確認を。
・小骨が残っている場合、成長とともに骨があるか探してみるよう声かけをしましょう。

材料（大人2人分＋子ども2人分）

あじ（三枚おろし）…3尾分
トマト（縦半分に切り、5㎜厚さの半月切りにして4等分に切る）…1個分
ピーマン（5㎜幅の細切りにし、2～3等分の長さにする）…1個分
トマトケチャップ…大さじ1
ピザ用チーズ…60g

作り方

1 あじは骨を丁寧に取り除く（特に頭側に骨が残りやすいので注意する）。薄い皮を取り除き、大きければ1枚を半分に切る。

2 トマト、ピーマンは水けを軽く拭き取る。

3 天板にアルミホイルを敷き、**1**をのせてトマトケチャップを塗り、トマト、チーズ、ピーマンの順にのせる。オーブントースターの高温であじに火が通るまで8分ほど焼く。

保存＆解凍法

冷蔵　密閉保存容器に入れて冷蔵庫へ。

冷凍　冷凍用保存袋に入れて密閉し、冷凍庫へ。

解凍　電子レンジで解凍。

献立のヒント

主食 パン
副菜 れんこんとひじきのマヨネーズサラダ→P93

子どもが喜ぶピザ風に！

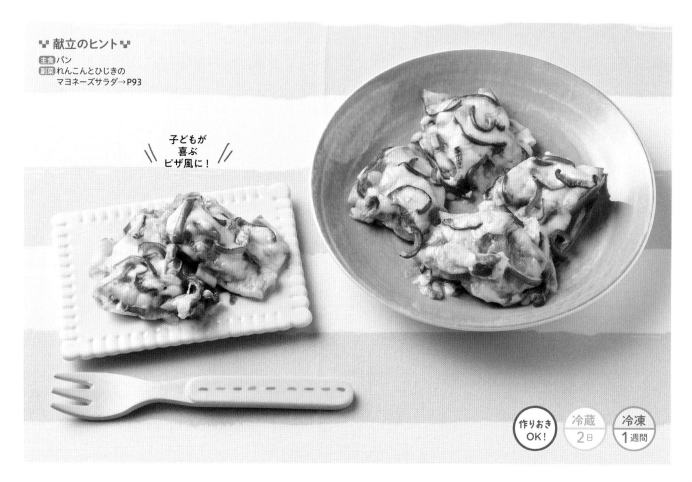

作りおきOK！　冷蔵 2日　冷凍 1週間

食べやすくするヒント
1歳半〜5歳 食べにくければフォークや箸などでほぐしてごはんとあえても。
大人には山椒をふっても
作りおきOK!
冷蔵 2日
冷凍 1週間
＊あじのみ
献立のヒント
主食 ごはん
副菜 白菜と油揚げの煮びたし→P90

あじのかば焼き風

甘辛いタレをよく絡めて

材料（大人2人分＋子ども2人分）

あじ（三枚おろし）…3尾分
薄力粉…適量
A | **水**大さじ2（あれば煮きり酒大さじ1＋水大さじ1）、**しょうゆ・みりん**各大さじ1、**砂糖**大さじ½
サラダ油…大さじ½
ゆでかぼちゃ…適量

作り方

1 あじは骨を丁寧に取り除く（特に頭側に骨が残りやすいので注意する）。薄い皮を取り除き、薄力粉をまぶす。
2 フライパンにサラダ油を中火で熱し、1を入れる。2〜3分焼き、裏返して2〜3分焼く。
3 フライパンの余分な油を拭き取り、Aを加えて30秒〜1分煮絡める。器に盛り、かぼちゃを添える。

＊大人用＊ 青じそ各1枚を添える。好みで白炒りごま、山椒をふる。

ワンポイントアドバイス
魚が苦手でも、甘辛ダレで食べやすくなります。

食べやすくするヒント
1歳半〜5歳 食べにくければ箸でほぐしてトマトソースと絡めても。
ワンポイントアドバイス
さばは全てをほぐさなくてもOKです。
トマトと一緒に煮込んで
献立のヒント
主食 ごはん
副菜 ブロッコリーのピカタ→P92
作りおきOK!
冷蔵 2日
冷凍 1週間

さばのトマト風煮込み

トマトとチーズのうま味で苦手な魚も食べられる！

材料（大人2人分＋子ども2人分）

さば（三枚おろし）…1尾分
薄力粉…適量
玉ねぎ（薄切りにし、3等分の長さに切る）…⅓個分
A | **カットトマト缶**（水煮）300g、**水**50㎖、**酒大さじ**1、**砂糖・コンソメスープの素**（顆粒）各小さじ½
塩…少々
オリーブ油…大さじ½

作り方

1 さばは水けを拭き取る。骨と薄い皮を取り除き、1枚を3㎝幅に切って薄力粉をまぶす。
2 フライパンにオリーブ油を中火で熱し、1、玉ねぎを入れて2〜3分焼く。
3 Aを加えて沸騰したら弱火にして蓋をし、ときどき静かに混ぜながら10分ほど煮たら塩を加えて味を調える。器に盛り、熱いうちに好みでチーズをのせる。

＊大人用＊ 好みで粗びき黒こしょうをふる。

えび入りマカロニグラタン

えびとチーズがたっぷり！

食べやすくするヒント

1歳半〜5歳 むきえびは半分の厚さに切って食べやすく。

保存＆解凍法

冷蔵 ぴっちりラップをして密閉し、冷蔵庫へ。（チーズをのせてトースターで焼く前の状態で保存し、食べる前によく加熱する。）

冷凍 耐熱容器ごと密閉し、冷凍庫へ。

解凍 冷蔵庫または電子レンジで解凍後、オーブントースターで中までよく焼く。

※容器は冷凍、電子レンジ、オーブントースターが可能なものを使う。

材料（大人2人分＋子ども2人分）

むきえび（背ワタを取り除く）…150g
マカロニ…80g
玉ねぎ（薄切りにし、2〜3等分の長さに切る）…⅓個分
ベーコン（またはハム／1cm幅に切る）…2枚分
薄力粉…大さじ5
ほうれん草…½束
牛乳…400mℓ
塩…小さじ¼
ピザ用チーズ…100g
バター…30g

作り方

1 むきえびは塩（分量外）をふり、軽くもんで洗い流す。水けを拭き取り、半分の厚さに切る。
2 ほうれん草は耐熱容器に入れてふんわりとラップをし、電子レンジでしんなりするまで1分加熱して冷水にとる。水けを絞って1〜2cm長さに切る。マカロニは袋の表示通りにゆでてザルにあげる。
3 フライパンにバターを中火で熱し、玉ねぎ、ベーコンを加えて2〜3分炒め、**1**を加えて4分ほど炒める。薄力粉をふって炒め、牛乳を加えて手早く混ぜながらとろみがつくまで加熱する。塩を加えて味を調え、**2**を加えて混ぜる。
4 **3**を耐熱容器に入れてチーズをのせる。オーブントースターの高温でチーズが溶けるまで5〜8分焼く。

献立のヒント
主食 ロールパン
副菜 にんじんとツナのサラダ
→P89

ほうれん草が苦手でも食べやすい！

作りおきOK！ 冷蔵 2日 冷凍 1週間

食べやすくするヒント
1歳半〜5歳 ほたては噛み切りにくければ、様子を見てそぎ切りにする。ミニトマトは小さく切る。
やわらかいほたてがクセになる
献立のヒント
主食 ごはん
副菜 ごぼうのマヨネーズサラダ→P83
食べやすくするヒント
1歳半〜2歳 えびの尾を外してソースはかけないようにする。
1歳半〜5歳 食べにくそうなときは、えびフライを薄く切る。
献立のヒント
主食 ごはん
副菜 グリーンサラダ→P81
外はサクッ中はプリっと！
作りおきOK！
冷蔵 2日
冷凍 1週間

ほたて貝柱のバターしょうゆソテー

何個でも食べられる！

材料（大人2人分＋子ども2人分）

ほたて貝柱（刺身用）…12粒

A | **水**大さじ2（あれば煮きり酒大さじ1＋水大さじ1）
  | **しょうゆ**小さじ1

バター…8g

ミニトマト（子ども用は4等分に切る）・**ゆでブロッコリー**…各適量

作り方

1 ほたては水けを拭き取り、半分の厚さに切る（大人用は半分に切らなくてもよい）。

2 フライパンにバターを中火で熱し、**1**を入れて2〜3分焼く。裏返してさらに2〜3分焼く（大人用は半生でもよい）。

3 **2**に**A**を加えて30秒〜1分軽く煮絡め、器に盛る。ミニトマト、ブロッコリーを添える。

＊大人用＊ 好みで粗びき黒こしょうをかけても。

えびフライ

子どもが喜ぶ王道おかず

材料（大人3尾×2＋子ども2尾×2）

えび（殻つき／大）…10尾

塩…少々

薄力粉…適量

A | **溶き卵**1個分、**薄力粉**大さじ2〜3、**水**大さじ1

パン粉（乾燥）…適量

揚げ油…適量

中濃ソース…適量

作り方

1 えびはしっぽの先の剣先を取り、1節を残して殻をむく。しっぽの先を少し切ってしごき、尾の水を出す。塩（分量外）をふり、軽くもんで洗い流して水けを拭き取る。腹側に3〜4カ所浅く切込みを入れ、手で逆向きに反らせてえびを伸ばす。

2 えびに塩、薄力粉をまぶし、混ぜ合わせた**A**、パン粉を順につける。

3 揚げ油を170°Cに熱し、**2**を入れて3〜4分揚げ、油をきる。食べにくそうであれば食べやすい大きさに切る。器に盛り、ソースを添える。

＊大人用＊ 好みでくし形切りにしたレモン・パセリ各適量を添える。

市販品をかしこく使って幼児食を簡単に！

市販品を使えば忙しい日でも簡単に幼児食を作れます。
野菜を増やしたいときや、普段のごはんを
少しアレンジしたいときなどにぜひご活用ください。

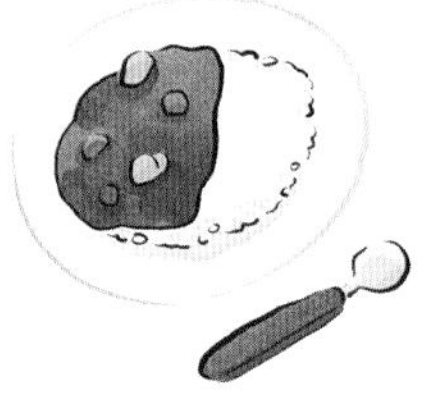

アレンジテクで忙しい日の食事作りを乗り切りましょう

手作りのごはんはおいしいけれど、たまには市販品に頼ってもOK。メインは一品おそうざいを利用して、家ではみそ汁やサラダを作るなど、市販品をかしこく活用しましょう。

とはいえ、市販品は味が濃いものもあるので、幼児食に取り入れるときにはひと工夫を。味が濃い市販品は、ゆで野菜などとあわせることで味もまろやかになり、ゆでただけの野菜の味つけ代わりにもなります。また、普段あまり作らない手間のかかるおかずが食べられるのも市販品活用ならではです。お好みの市販品をアレンジすれば、手軽にいろいろな食材をとり入れることができ、バリエーション豊かな食事が楽しめるのでおすすめです。

ポテトサラダやスパゲッティサラダを使って

野菜増量サラダ

材料（子ども1人分）

市販のポテトサラダ、スパゲッティサラダなど…40g
トマト（1.5㎝角切り）…⅛個分
ブロッコリー（さらに小さく分けてゆでる）…小1房分

作り方

1 ボウルに全ての材料を入れてあえる。

＊ブロッコリーはゆでずに電子レンジで加熱する場合、耐熱容器に入れ、水大さじ1を加える。ふんわりラップをし、様子を見ながら30秒ほど加熱し、水けをきる。

Point 市販のサラダは味が濃いので、野菜を加えることで薄味に。野菜はきゅうりやさやいんげんに変えても。

ひじきの煮物を使って

混ぜごはん

材料（子ども1人分）

ひじきの煮物…15～20g
あたたかいごはん…子ども茶碗1杯分

作り方

1 ひじきの煮物は汁けをきり、あたたかいごはんに混ぜる。

＊アレンジ＊ ゆでた青菜をきざんで混ぜても。

Point 煮豆が入っている場合、3歳ぐらいまでは食べやすい大きさに切りましょう。こんにゃくが入っている場合、子ども用は取り除くか、短く切って。

Point 野菜や肉は小さめに切ると火がすぐに通るので、時短になります。

カップスープを使って

コーンスープ

材料（子ども1～2人分）

市販のコーンポタージュ
（粉末タイプ）…1人分
鶏ささみ肉（筋を取り除き、薄いそぎ切り）…⅓本分
にんじん（ごく細いせん切り）…10g
水…150㎖
アスパラガス
（下⅓の皮をピーラーでむき、斜め切り）…½本分
牛乳…50㎖

作り方

1 鍋に鶏肉、にんじん、水を入れて中火で熱し、沸騰したらアスパラガスを加える。弱火にして蓋をし、3～5分煮る（水分が減ったら水50㎖を足す）。
2 コーンポタージュ、牛乳を加えて沸騰直前まで混ぜながら1～2分煮る。

＊アレンジ＊ 鶏肉をロースハムや豚肉の薄切りに変えたり、野菜は冷凍野菜を使っても。コーンスープは、かぼちゃスープ、ミネストローネなどのタイプでも。

冷凍野菜を使って

スピードカレー

冷凍野菜で
簡単カレー!

材料(子ども1人分)

冷凍ミックスベジタブル…20g
冷凍揚げなす…1〜2個
合いびき肉…30g
A | **市販のカレールウ**(甘口、または子ども用) ½〜1かけ、**水**100㎖、**野菜ジュース**大さじ2、**ウスターソース**小さじ1
あたたかいごはん…子ども茶碗1杯分

作り方

1 フッ素樹脂加工のフライパンを中火で熱し、ひき肉を入れて炒め、余分な脂を拭き取る。
2 Aを加え、沸騰したら凍ったままのミックスベジタブル、揚げなすを加える。ときどき混ぜながらとろみがつくまで煮る(水分が減ったら水50㎖を足す)。

Point 揚げなすは大きければ、キッチンバサミで切りましょう。

チーズを
加えて
コクがアップ

冷凍ピラフを使って

スピードリゾット

材料(子ども1人分)

冷凍ピラフ(えびピラフなど)…70〜100g
水…150㎖
A | **冷凍アスパラガス**20g、**ウインナー** (薄い半月切り) 1本分
B | **牛乳**50㎖、**コンソメスープの素**(顆粒)小さじ¼
粉チーズ…小さじ½

アレンジ 牛乳をトマトジュースに変えてトマトリゾットにしても。

作り方

1 鍋に水を入れて中火にかけ、沸騰したら凍ったままのピラフ、Aを加える。ときどき混ぜながら再度沸騰させ、蓋をして2〜3分煮る。
2 Bを加えてときどき混ぜながら再度沸騰させ、火を止めて粉チーズを加えて混ぜる。

Point アスパラガスは大きければキッチンバサミで切りましょう。

市販の肉じゃがを使って

肉じゃがうどん

材料(子ども1人分)

市販の肉じゃが…70g
水…200㎖
冷凍うどん(またはゆでうどん)…½玉
めんつゆ(2倍濃縮)…小さじ2

Point 肉じゃがにしらたきが入っている場合、子ども用は取り除くか、短く切って。うどんはキッチンバサミで食べやすい長さに切りましょう。

作り方

1 鍋に水を入れて中火にかけ、沸騰したら冷凍うどんを入れてほぐす(電子レンジで解凍してもよい)。
2 肉じゃがは煮汁があれば汁ごと1に加えて2〜3分煮る。めんつゆを加えて味を調える。

肉じゃがの
うま味が
溶け出る!

冷凍ハンバーグを使って

肉と野菜がゴロゴロ!

野菜を足してトマトシチュー

材料（子ども1人分）

冷凍ミニハンバーグ（解凍して2～4等分に切る）…2個（40g）

A | **カットトマト缶**（水煮）50g、**水**100㎖、**コンソメスープの素**（顆粒）小さじ⅓

冷凍洋風野菜ミックス（または好みのゆでた野菜）…50g

粉チーズ（またはピザ用チーズ）…適量

作り方

1 鍋にAを入れて中火にかけ、沸騰したらハンバーグ、凍ったままの冷凍野菜を加える。

2 ときどき混ぜながら3～4分煮て野菜がやわらかくなったらトマトをへらで軽くつぶす。器に盛り、粉チーズをかける。

市販のコロッケを使って

野菜を足してサンドイッチ

材料（子ども1人分）

市販のコロッケ（半分に切る）…½個分

キャベツ（せん切りにし、3㎝長さに切る）…15g

食パン（厚切り）…½枚

中濃ソース…適量

マヨネーズ…適量

トマトの輪切り（半分に切る）…1枚

作り方

1 耐熱容器にキャベツを入れてふんわりとラップをする。電子レンジで1分ほど加熱し、水けを絞る。

2 食パンは½枚を半分の厚さに切り込みを入れてポケット状にする。コロッケに中濃ソースをかける。

3 食パンの切り込みの中にマヨネーズを塗り、キャベツ、コロッケ、トマトを入れる。ラップで包み、冷蔵庫に10分ほど入れる。

Point サンドイッチ用の食パンや、ロールパンに挟んでも。キャベツは加熱することでしっとりして食べやすくなります。

切った食パンに挟むだけ!

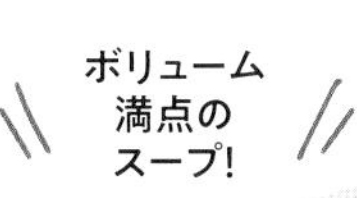

冷凍餃子を使って

野菜を足して餃子スープ

材料（子ども1人分）

市販の餃子（冷凍または総菜など）…2～3個

A | **水**200㎖、**しょうゆ・鶏がらスープの素**（顆粒）各小さじ¼、**ごま油**少々

長ねぎ（みじん切り）…大さじ1

もやし（3等分の長さに切る）…20g

ちんげん菜（1㎝幅に切る）…½～1枚分

作り方

1 鍋にA、長ねぎを入れて中火にかけ、沸騰したら残りの材料を入れて3～4分煮る。

Point 子ども用の餃子はキッチンバサミなどで半分に切って。家族分を作るときは、白菜、水菜などを入れて餃子鍋にするのもおすすめ。

オムレツとフレッシュトマトソース

ふんわりオムレツとトマトを一緒に

ワンポイントアドバイス
オムレツは中までよく火を通しましょう。
トマトのソースでさっぱりと!

材料(大人2人分+子ども2人分)

卵…6個
塩…少々
牛乳…大さじ1
A | **トマト**(1㎝四方に切る)1個分、**きゅうり**(粗みじん切り)⅓本分、**トマトケチャップ**大さじ1、**塩**少々
オリーブ油…小さじ1と⅓

作り方

1 ボウルに卵、塩、牛乳を入れて混ぜる。
2 フライパンにオリーブ油小さじ⅓を中火で熱し、大人用は**1**を⅓量流し入れ、手早く混ぜて半熟になったら折りたたみ、形を整える。これを2個作る。子ども用は**1**を⅙量流し入れ、中までよく火を通して同様に2個作る。
3 器に盛り、混ぜ合わせた**A**をかける。

具だくさんスパニッシュオムレツ

色もきれいで野菜も食べやすい一品

野菜をたっぷり入れて!

材料(大人2人分+子ども2人分)

卵…5個
ほうれん草…1束
塩…小さじ⅙
こしょう…少々
パプリカ(赤/3等分の長さに切り、細切り)…¼個分
ロースハム(3等分の長さに切り、1㎝幅の細切り)…2枚分
オリーブ油…大さじ1

作り方

1 ほうれん草は洗い、水けがあるまま耐熱容器にのせてふんわりとラップをし、電子レンジで30~40秒加熱する。水にさらして水けを絞り、3㎝長さに切る。
2 ボウルに卵、塩、こしょうを入れて混ぜる。
3 フライパンにオリーブ油を中火で熱し、**1**、パプリカ、ハムを入れて1分ほど炒め、**2**を入れる。手早く混ぜて半熟になったら弱火にし、蓋をして2~3分蒸し焼きにする。裏返して蓋をし、2~3分中まで火を通し、食べやすい大きさに切る。

かにかまのかに玉風炒め

シンプルなかに玉風に!

作りおきOK! 冷蔵 2日 冷凍 NG
＊あんと卵を分けて保存

あんがよく絡んで絶品!

材料(大人2人分+子ども2人分)

卵…5個
かに風味かまぼこ(3等分の長さに切り、ほぐす)…4本分
長ねぎ(みじん切り)…⅓本分
塩…少々
A | **水**100㎖、**砂糖・しょうゆ・鶏がらスープの素**(顆粒)各小さじ½、**片栗粉**小さじ⅔
ごま油…大さじ½

作り方

1 ボウルに卵、かに風味かまぼこ、長ねぎ、塩を入れて混ぜる。
2 フライパンにごま油を中火で熱し、**1**を入れて混ぜる。大きめのスクランブルエッグを作り、よく火を通して器に盛る。
3 フライパンに**A**を入れて混ぜ、中火にかける。混ぜながらとろみをつけて**2**にかける。

ワンポイントアドバイス

かに風味かまぼこには、かにが含まれている場合があるので、初めて食べるときはアレルギーの可能性も考えて少量がおすすめです。

定番からアレンジ卵料理までバリエーション豊かにご紹介。
子ども用は中までしっかり火を通しましょう。

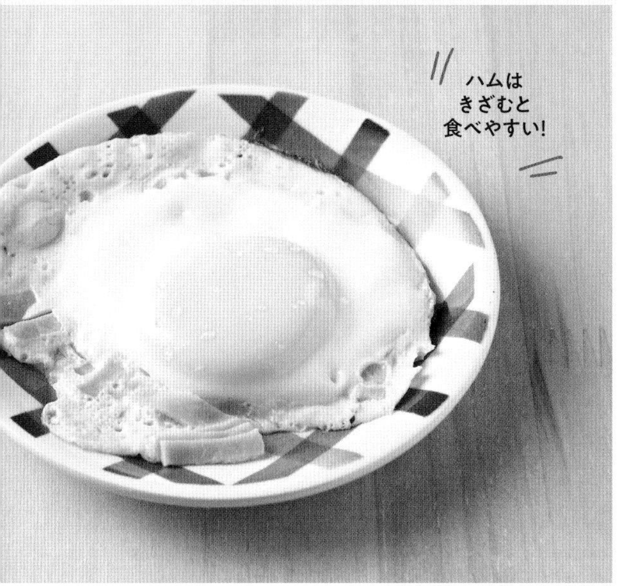
ハムは
きざむと
食べやすい!

きざみハムのハムエッグ

子どもは固焼き！　大人は半熟でも

材料（大人2人分＋子ども2人分）

卵…4個（大人用は1人2個に分量を増やしてもよい）
ロースハム（2㎝長さ、5㎜幅の細切り）…4枚分
水…⅓～½カップ
塩（またはしょうゆ）…適量
オリーブ油（またはサラダ油）…小さじ1

作り方

1 フライパンにオリーブ油を中火で熱し、ハムを全体を広げるように入れて卵4個をハムの上に割り入れる。水を加えて蓋をし、4～5分焼いて中までよく火を通す。
2 器に盛り、塩をかける。

＊大人用＊
・半熟で取り出してもよい。
・好みで粗びき黒こしょうをかけても。

とろ～っと
チーズが
溶けて美味

卵とブロッコリーのヨーグルトチーズ焼き

ヨーグルトでマイルドに！

材料（大人2人分＋子ども2人分）

卵…4個
ブロッコリー（小さめの小房に分ける）…½株分
A | **プレーンヨーグルト**100㎖、**塩**小さじ⅕
ピザ用チーズ…80g

作り方

1 鍋に卵がかぶる程度の湯を沸かし、卵を静かに入れる。静かに沸騰した状態で10分ほどゆでる。冷水にとり、殻をむいて水けを拭き取り、4等分に切る。
2 鍋に湯を沸かし、ブロッコリーを入れて中火で3～4分ゆでる。ザルにあげて水けをきる。
3 耐熱容器に1、2を入れて混ぜ合わせたAをかけ、チーズをのせる。トースターで5分ほど焼く。

トマトの
甘みが
卵と合う!

卵とトマト炒め

さっと炒めて簡単おかず

材料（大人2人分＋子ども2人分）

卵…3個
A | **水**大さじ½、**砂糖**小さじ½、**塩**少々
B | **しょうゆ**大さじ½、**水**小さじ2、**片栗粉**小さじ½
トマト（2㎝四方に切る）…1個分
ごま油…大さじ1

作り方

1 ボウルに卵、Aを入れて混ぜる。Bは混ぜて合わせておく。
2 フライパンにごま油を中火で熱し、卵を入れて手早く混ぜながら炒め、ふわっと半熟になったら取り出す。
3 同じフライパンにトマトを加えて30～40秒炒める。2、Bを加えて手早く炒め、卵によく火が通ったら器に盛る。

茶碗蒸し

つるっとおいしく食べられる！

ふわふわ
卵の定番
茶碗蒸し！

ワンポイントアドバイス

加熱温度が低いので、ほかの卵料理が食べられても卵アレルギーが出る場合があります。心配な場合は、少量で様子を見ましょう。

材料（作りやすい分量［3～4個分］）

溶き卵…2個分
A｜**だし汁**350㎖、**しょうゆ**小さじ⅓、**塩**小さじ¼
鶏ささみ肉（筋を取り除き、薄めのそぎ切り）…1本分
かまぼこ（薄切り／4等分に切る）…2枚分
しいたけ（軸を切り落とし、薄切りにして4～5等分の大きさに切る）…1枚分

作り方

1 ボウルに溶き卵、Aを加えて泡立てないように混ぜ、ザルでこす。
2 1人分ずつの耐熱容器に1以外の材料を等分に入れ、1を静かに加えてアルミホイルで蓋をする。
3 蒸気が上がった蒸し器に入れ、（蒸し器がない場合、深めのフライパンに布巾を敷き、底から2㎝の湯、2を入れる。蓋をして）中火で2～3分蒸し、弱火にして表面が固まり、竹串を刺して透明な汁が出るまで10～12分蒸す。

中華風茶碗蒸し

いつもの茶碗蒸しをアレンジ！

ひき肉の
食感が
クセになる！

材料（作りやすい分量［3～4個分］）

溶き卵…3個分
A｜**水**300㎖、**しょうゆ・鶏がらスープの素**（顆粒）各小さじ1、**ごま油**小さじ⅓
豚ひき肉…100g
長ねぎ（みじん切り）…½本分

作り方

1 ボウルに溶き卵、Aを加えて泡立てないように混ぜ、ザルでこす。
2 1人分ずつの耐熱容器にひき肉、長ねぎを等分に入れて軽く混ぜ、1を加えてアルミホイルで蓋をする。
3 蒸気が上がった蒸し器に入れ、（蒸し器がない場合、深めのフライパンに布巾を敷き、底から2㎝の湯、2を入れる。蓋をして）中火で2～3分蒸し、弱火にして表面が固まるまで１５分ほど蒸す。

＊大人用＊ 好みでラー油、しょうゆをかけても。

薄焼き卵のスライスチーズ巻き

見た目もかわいくて大人気！

食べやすくするヒント

（1歳半～2歳）薄焼き卵もチーズと一緒に巻いて食べやすく。食べにくければ薄く切る。

くるっと
巻いて
パクッ！
作りおき
OK！
冷蔵
1~2日
冷凍
NG

材料（大人2人分＋子ども2人分）

卵…3個
塩…少々
スライスチーズ…3枚
サラダ油…小さじ1

作り方

1 ボウルに卵、塩を入れて混ぜる。
2 卵焼き器にサラダ油小さじ⅓を中火で熱し、1を⅓量流し入れて手早く混ぜる。弱火にして半熟になるまで火を通し、裏返す。火が通るまで30～40秒焼いて取り出す。同様にこれを3枚を作る。
3 2を広げてチーズをのせ、手前からくるくる巻いて食べやすい大きさに切る。

＊大人用・アレンジ＊
大人用は青じそをのせて巻いたり、中に薄切りハム、ちぎったのりをのせて巻いても。

キャベツと一緒に食べて
食べやすくするヒント
1歳半〜5歳 キャベツは蒸し焼きにし、卵と混ぜるようにして食べる。
1歳半〜5歳 玉ねぎはしっかり煮てから卵で煮ることで食べやすく。
さやえんどうの食感がアクセントに
作りおきOK!
冷蔵 1〜2日
冷凍 NG

玉ねぎとさやえんどうの卵とじ

蓋をしてしっかり蒸して

材料（大人2人分＋子ども2人分）

溶き卵…5個分
A **だし汁**150㎖、**しょうゆ・みりん**各大さじ1、**砂糖**小さじ1
玉ねぎ（薄切りにし、2〜3等分の長さに切る）…¼個分
さやえんどう（筋を取り除き、斜め細切り）…10枚分（またはさやいんげん6本）

作り方

1 鍋にA、玉ねぎを入れて中火にかけ、沸騰したら弱火にして蓋をし、3〜4分煮る。
2 中火にしてさやえんどうを加え、溶き卵を回し入れる。弱火にして蓋をし、卵によく火が通るまで5〜6分加熱する。火を止め、蓋をしたまま1〜2分蒸らして器に盛る。

巣ごもり卵

キャベツの甘み引き立つ！

材料（大人2人分＋子ども2人分）

卵…4個
キャベツ（3㎝長さのせん切り）…2〜3枚分
ロースハム（3等分の長さに切り、5㎜幅に切る）…3枚分
水…⅓カップ
塩…少々
オリーブ油…小さじ1
トマトケチャップ…適宜

作り方

1 フライパンにオリーブ油を中火で熱し、キャベツ、ハムを入れてさっと炒めて全体に広げる。
2 卵4個を1に割り入れ、水、塩を加えて蓋をし、弱火にして卵に火が通るまで6〜7分加熱する。
3 器に盛り、好みでトマトケチャップをかける。

＊大人用＊ 好みで粗びき黒こしょうをかけても。

ワンポイントアドバイス
スコッチエッグはそのままでもいいですが、丸ごと口に入れてしまいそうなときは、小さく切ってあげても。サラダ菜は4等分の大きさに切りましょう。

スコッチエッグ

ゆで卵と肉を一緒においしく！

材料（大人2人分＋子ども2人分）

ゆで卵（固ゆで）…3個
薄力粉…適量
A **合いびき肉**200g、**卵**½個、**パン粉**¼カップ、**塩**小さじ⅙
B **卵**½個、**薄力粉**大さじ2〜3、**水**大さじ2
パン粉（乾燥）…適量
トマトケチャップ（または中濃ソース）…適量
サラダ菜（またはリーフレタス／4等分にちぎる）…適量

作り方

1 ゆで卵に薄力粉をまぶす。ボウルにBを入れてよく混ぜ合わせ、ホットケーキの生地程度の固さにする。
2 別のボウルにAを入れてよく練り合わせ、ゆで卵全体を包む。薄力粉、B、パン粉の順につける。
3 鍋に揚げ油を170℃で熱し、2を入れてときどき上下をそっと返しながら火が通るまで7〜8分揚げ、油をきる。食べやすい大きさに切って器に盛り、サラダ菜、トマトケチャップを添える。

まだまだ広がる！ 卵焼きバリエ

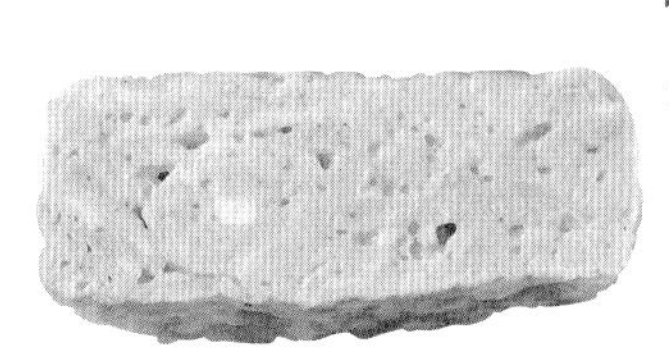
しらすの
カルシウムが
豊富な卵焼き

しらす入り卵焼き

材料
（大人2人分＋子ども2人分）

卵…3個
A **釜揚げしらす**15g、**砂糖**大さじ½、**しょうゆ**小さじ⅓
サラダ油…小さじ½

作り方

1 ボウルに卵を割り入れ、Aを加えて白身がなじむまでよく混ぜる。
2 卵焼き器にサラダ油を中火で熱し、1を入れて半熟になるまで混ぜる。
3 弱火にして奥側から手前に巻き、裏返しながら2～3分焼いて中までよく火を通す。6等分に切る。

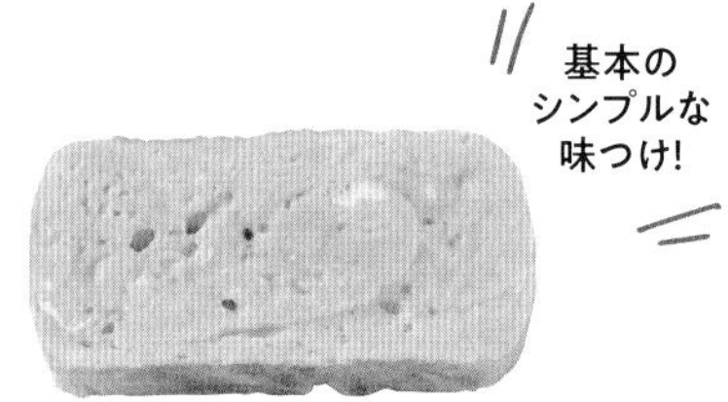
基本の
シンプルな
味つけ！

卵焼き

材料
（大人2人分＋子ども2人分）

卵…3個
A **砂糖**大さじ½、**しょうゆ**小さじ½、**塩**少々
サラダ油…小さじ½

作り方

1 ボウルに卵を割り入れ、Aを加えて白身がなじむまでよく混ぜる。
2 卵焼き器にサラダ油を中火で熱し、1を入れて半熟になるまで混ぜる。
3 弱火にして奥側から手前に巻き、裏返しながら2～3分焼いて中までよく火を通す。6等分に切る。

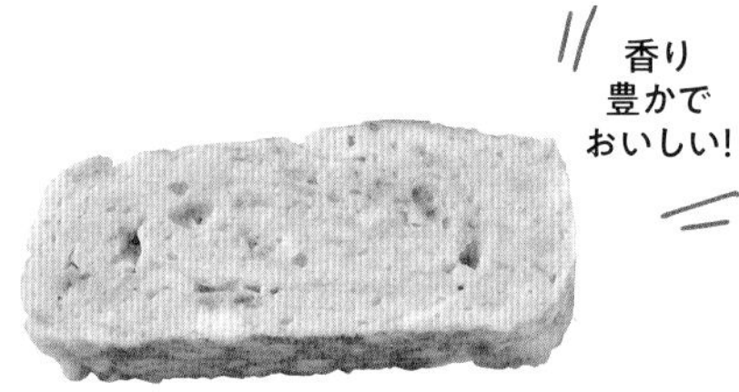
香り
豊かで
おいしい！

削り節入りだし巻き卵風

材料
（大人2人分＋子ども2人分）

卵…3個
A **削り節**1.5g、**砂糖**大さじ½、**しょうゆ**小さじ⅓、**塩**少々
サラダ油…小さじ½

作り方

1 ボウルに卵を割り入れ、Aを加えて白身がなじむまでよく混ぜる。
2 卵焼き器にサラダ油を中火で熱し、1を入れて半熟になるまで混ぜる。
3 弱火にして奥側から手前に巻き、裏返しながら2～3分焼いて中までよく火を通す。6等分に切る。

鮭の甘みと
ごまの風味が
マッチ！

鮭フレーク＆ごま入り卵焼き

材料
（大人2人分＋子ども2人分）

卵…3個
A **鮭フレーク**15g、**砂糖**大さじ½、**黒ごま**小さじ½、**しょうゆ**小さじ⅓
サラダ油…小さじ½

作り方

1 ボウルに卵を割り入れ、Aを加えて白身がなじむまでよく混ぜる。
2 卵焼き器にサラダ油を中火で熱し、1を入れて半熟になるまで混ぜる。
3 弱火にして奥側から手前に巻き、裏返しながら2～3分焼いて中までよく火を通す。6等分に切る。

あと一品欲しいというときに便利な卵焼きレシピ！
魚や野菜を取り入れた卵焼きのバリエーションをご紹介。
切った断面の彩りがきれいなので、食卓も華やかに！

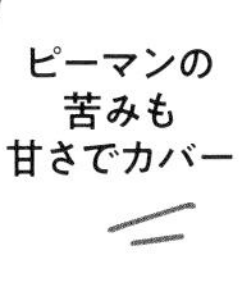
ピーマンの
苦みも
甘さでカバー

ハムとピーマン入りごま油の卵焼き

材料
(大人2人分+子ども2人分)

卵…3個
A | **砂糖**大さじ½、**しょうゆ**小さじ⅓
B | **ロースハム**(3等分の長さ、細切り) 2枚分、**ピーマン**(1㎝長さの細切り) ½個分
ごま油…小さじ½

作り方

1 ボウルに卵を割り入れ、Aを加えて白身がなじむまでよく混ぜる。
2 卵焼き器にごま油を中火で熱し、Bを入れて1～2分炒め、1を入れて半熟になるまで混ぜる。
3 弱火にして奥側から手前に巻き、裏返しながら2～3分焼いて中までよく火を通す。6等分に切る。

にんじんの
彩りが
きれい!

せん切りにんじん入り卵焼き

材料
(大人2人分+子ども2人分)

卵…3個
A | **砂糖**大さじ½、**しょうゆ**小さじ½、**塩**少々
にんじん(細いせん切り)…¼本分
サラダ油…小さじ½

作り方

1 ボウルに卵を割り入れ、Aを加えて白身がなじむまでよく混ぜる。
2 卵焼き器にサラダ油を中火で熱し、にんじんを入れて1～2分炒め、1を入れて半熟になるまで混ぜる。
3 弱火にして奥側から手前に巻き、裏返しながら2～3分焼いて中までよく火を通す。6等分に切る。

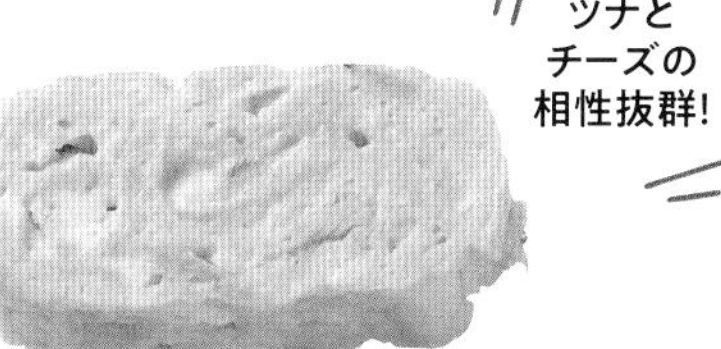
ツナと
チーズの
相性抜群!

ツナチーズ入り卵焼き

材料
(大人2人分+子ども2人分)

卵…3個
A | **砂糖**大さじ½、**しょうゆ**小さじ⅓、**ツナ缶**(水煮／汁けをきる) ½缶(35g)
スライスチーズ(1㎝四方に切る)…1枚分
サラダ油…小さじ½

作り方

1 ボウルに卵を割り入れ、Aを加えて白身がなじむまでよく混ぜる。
2 卵焼き器にサラダ油を中火で熱し、1を入れて半熟になるまで混ぜてチーズを散らす。
3 弱火にして奥側から手前に巻き、裏返しながら2～3分焼いて中までよく火を通す。6等分に切る。

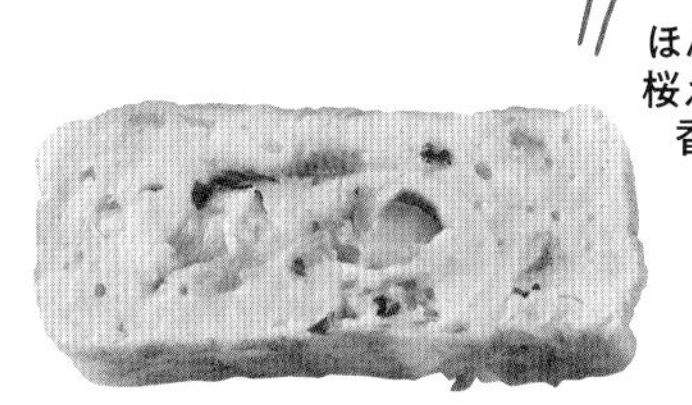
ほんのり
桜えびが
香る!

桜えびと青菜入り卵焼き

材料
(大人2人分+子ども2人分)

卵…3個
A | **桜えび**3g、**砂糖**大さじ½、**しょうゆ**小さじ⅓、**塩**少々
小松菜(粗くきざむ)…1～2本分
サラダ油…小さじ½

作り方

1 ボウルに卵を割り入れ、Aを加えて白身がなじむまでよく混ぜる。
2 卵焼き器にサラダ油を中火で熱し、小松菜を入れて1～2分炒め、1を入れて半熟になるまで混ぜる。
3 弱火にして奥側から手前に巻き、裏返しながら2～3分焼いて中までよく火を通す。6等分に切る。

豆腐のひき肉ときのこあんかけ

きのこは細かく切って食べやすく

材料（大人2人分＋子ども2人分）

絹ごし豆腐（3等分に切り、そのうち1切れを半分に切る）…300g
鶏むねひき肉…50g
A | **だし汁**150㎖、**しょうゆ**小さじ2、**みりん**大さじ½、**塩**少々
えのきだけ（1.5㎝長さに切る）…30g
しいたけ（軸を切り落とし、粗くきざむ）…2枚分
パプリカ（赤／2〜3等分の長さにして細切り）…¼〜⅓個分
水溶き片栗粉…水大さじ1と½＋片栗粉小さじ2

作り方

1 鍋にひき肉、A、きのこ、パプリカを入れて混ぜる。中火にかけて沸騰したら弱火にし、混ぜながら4分ほど煮て水溶き片栗粉を少しずつ加えてとろみをつける。
2 器に豆腐を盛り、1をかける。

＊大人用＊ 好みですりおろしたしょうがや、小口切りにした小ねぎを散らしても。

食べやすくするヒント

1歳半〜5歳 えのきだけやしいたけは噛み切りにくいので小さく切ったり、豆腐と一緒に食べる。

あんをたっぷりかけて！

トマトとツナのせ冷やっこ

豆腐にかけるだけ！ 簡単副菜

材料（大人2人分＋子ども2人分）

絹ごし豆腐…300g
トマト（1㎝角に切る）…1個分
ツナ缶（水煮）…1缶（70g）
A | **しょうゆ・オリーブ油** 各大さじ½

作り方

1 豆腐は3等分に切り、1個を子ども用として半分に切って器に盛る。
2 ボウルにトマト、汁けをきったツナ、Aを入れてあえ、1にをかける。

＊大人用＊ 好みでせん切りにしたみょうが・青じそをのせても。

豆腐とひじきの和風ハンバーグ

栄養満点のヘルシーおかず

材料（大人2人分＋子ども2人分）

木綿豆腐…200g
豚ひき肉…150g
芽ひじき（水煮）…30g
A | **玉ねぎ**（みじん切り）¼個分、**パン粉**⅓カップ、**塩**小さじ⅙、**こしょう**少々
B | **水**100㎖、**しょうゆ・みりん**各小さじ2〜3、**和風だしの素**（顆粒）・**片栗粉**各小さじ½
サラダ油…小さじ1
ゆでたスナップえんどう、ゆでにんじん（好みの型で抜く）…各適量

作り方

1 豆腐は耐熱皿にのせてふんわりとラップをし、電子レンジで2分加熱する。粗熱が取れたら水けをしっかり拭き取る。
2 ボウルにひき肉、1、ひじき、Aを入れて豆腐の白っぽさがなくなるまで練り混ぜる。6等分にして小判形に成形する。
3 フライパンにサラダ油を中火で熱し、2を入れて蓋をする。2分ほど焼き、弱火にして2〜3分焼く。裏返して蓋をし、3〜4分焼いて器に盛る。
4 フライパンの余分な脂を拭き取り、Bを入れて中火にかける。混ぜながらとろみがつくまで煮て3にかけ、スナップえんどう、にんじんを添える。

＊大人用＊ せん切りにした青じそ、大根おろしを添えても。

豆腐を入れてふわふわに

ワンポイントアドバイス

ハンバーグは豆腐でやわらかい食感ですが、食べにくい場合もあるので、その場合は薄く切りましょう。

作りおきOK！ 冷蔵 2日 冷凍 2週間

＊ハンバーグのみ

たんぱく質を多く含む豆腐は安くて使いやすいおうちごはんの強い味方！
簡単な副菜、メインおかずまで幅広くご紹介。

これだけで
大満足な
一品!
食べやすくするヒント
1歳半〜5歳 サラダ菜でピカタを巻いて手づかみでも。
ワンポイントアドバイス
たんぱく質がしっかり摂れる一品。卵と豆腐でしっとり食べやすくなります。
さっと
炒めて
召し上がれ
作りおきOK!
冷蔵 2日
冷凍 NG
食べやすくするヒント
1歳半〜5歳 牛肉は噛みにくければ、豆腐を崩しながら一緒に口に入れると食べやすいのでおすすめ。
豆腐に
味がよく
染み込む!

豆腐のピカタ

最後にケチャップをのせてかわいく

材料（大人2人分＋子ども2人分）

木綿豆腐…300g
塩…少々
薄力粉…適量
溶き卵…1個分
オリーブ油…大さじ1
トマトケチャップ…適量
サラダ菜（4等分に切る）…適量

作り方

1 豆腐は耐熱皿にのせてふんわりとラップをし、電子レンジで2分加熱する。粗熱が取れたら半分の厚さに切る。6等分に切り、水けを拭き取る。
2 1に塩をふり、薄力粉、溶き卵を順につける。
3 フライパンにオリーブ油を中火で熱し、2を入れて蓋をし、2〜3分焼く。裏返して蓋をし、2〜3分焼く。器に盛り、サラダ菜、トマトケチャップを添える。

豆腐と豚肉のチャンプルー

豆腐を崩さないようにそっと混ぜて

材料（大人2人分＋子ども2人分）

木綿豆腐…300g
豚ロース薄切り肉（しゃぶしゃぶ用／3㎝長さに切る）…100g
塩…少々
小松菜（3㎝長さ、大きな葉はさらに2〜3等分の幅に切る）…2株分
溶き卵…1個分
A | **みりん**大さじ½、**しょうゆ**小さじ2〜3、**和風だしの素**（顆粒）小さじ½
ごま油…大さじ½
削り節…適量

作り方

1 豆腐は耐熱皿にのせてふんわりとラップをし、電子レンジで2分加熱する。粗熱が取れたら水けを拭き取る。1.5㎝厚さ、2〜3㎝四方に切る。豚肉に塩をふる。
2 フライパンにごま油を中火で熱し、豚肉を入れて2〜3分炒める。豆腐を加えて崩れないように2〜3分炒め、小松菜を加えて2分ほど炒める。
3 溶き卵を加えて豆腐が崩れないように混ぜ合わせ、Aを加えてさっと炒める。器に盛り、削り節を散らす。

肉豆腐

しっかり味が染み込んだ豆腐で食欲UP

材料（大人2人分＋子ども2人分）

木綿豆腐
（または焼き豆腐／2㎝厚さ、4〜5㎝四方に切る）…300g
牛薄切り肉（4㎝幅に切る）…150g
A | **だし汁**200㎖、**しょうゆ**大さじ1と½、**みりん**大さじ1、**砂糖**大さじ½、**酒**小さじ1
にんじん（5㎜厚さの輪切り）…⅓本分
長ねぎ（5㎜厚さの斜め切り）…½本分
さやいんげん（3〜4㎝長さに切る）…6本分

作り方

1 鍋にAを入れて中火で熱し、沸騰したら牛肉を加えて軽くほぐし、アクを取り除く。
2 豆腐、にんじん、長ねぎを加えて蓋をし、6〜8分煮る。
3 さやいんげんを加えて5〜6分煮る。

＊大人用＊ 好みで七味唐辛子をふっても。

おからのポテトサラダ風

食物繊維が豊富！　子どもも大人もうれしい一品

材料（大人2人分＋子ども2人分）

生おから…100g
きゅうり（薄い輪切り、または半月切り）…½本分
塩…少々
ロースハム（3等分の長さに切り、5mm幅に切る）…2枚分
A　**マヨネーズ**大さじ4、**プレーンヨーグルト**大さじ1と½、**レモン汁**小さじ⅔、**塩・こしょう**各少々

作り方

1 耐熱容器におからを入れ、ラップをかけずに電子レンジで1分30秒〜2分加熱して1度混ぜ、粗熱を取る。
2 きゅうりに塩をふって軽くもみ、3分ほどおいて水けを絞る。
3 ボウルに1、2、ハム、Aを入れてあえる。

子どもが
大好きな
サラダ！
作りおき OK!
冷蔵 2日
冷凍 NG

厚揚げのみそチーズ焼き

みそとチーズで濃厚な味つけ！

材料（作りやすい分量）

厚揚げ（1cm厚さに切り、4cm四方に切る）…300g
長ねぎ（みじん切り）…⅓本分
みそ…大さじ½
ピザ用チーズ…80g

作り方

1 耐熱皿に長ねぎをのせてふんわりとラップをし、電子レンジで30〜40秒加熱する。
2 アルミホイルに厚揚げをのせて薄くみそを塗る。1、チーズをのせる。
3 オーブントースターの高温で5分ほど焼く。

＊大人用＊ 七味唐辛子をふっても。

食べやすくするヒント

（1歳半〜5歳）食べにくければ薄切りに。チーズは時間が経つと硬くなるので温かいうちにどうぞ。

チーズが
溶けるまで
よく焼いて
作りおき OK!
冷蔵 2日
冷凍 NG

いなりずし

しっかり煮込んだ油揚げがおいしい

材料（大人2人分＋子ども2人分）

油揚げ…6枚
A　**だし汁**200mℓ、**砂糖**大さじ2と½、**しょうゆ**大さじ2
すしめし…茶碗3杯分（大人2杯分＋子ども2杯分）

作り方

1 油揚げはまな板の上にのせ、油揚げの上で菜箸を転がしてから横半分に切り、切り口を静かに開けておく。鍋に湯を沸かし、油揚げを入れて5分ほどゆでてザルにあげる。冷水で軽く冷やして水けをきる。
2 鍋に1、Aを入れて中火にかけ、沸騰したら弱火にして落とし蓋をし、15分ほど煮る。粗熱を取り、軽く絞って中にすしめしを入れて包む。

＊大人用＊
2で15分煮てから砂糖小さじ2〜3、しょうゆ大さじ½〜⅔を加えてさらに煮詰めて味を濃くしても。

作りおき OK!　冷蔵 2〜3日　冷凍 2週間
＊いなりずしの皮のみ

ワンポイントアドバイス

手づかみでもいいですが、全てを丸飲みしないように見守り、噛み切るように声かけを。難しければ半分に切りましょう。

常備しやすい大豆加工品。メインはもちろん、
もう一品欲しいときにも活躍するアレンジレシピをご紹介。

ワンポイントアドバイス

年齢が大きい子はパリパリした食感が好きな子が多いものの、小さい子はまだ慣れないことも。その場合は小さく切りましょう。

きざみ大豆とツナの春巻き

大豆はきざんでツナと合わせて食べやすく

材料(大人2人分+子ども2人分)

大豆缶(水煮/または蒸し大豆/粗くきざむ)…100g
ツナ缶(小/水煮)…2缶(140g)
キャベツ(せん切りにし、3cm長さに切る)…⅛個分
塩…少々
片栗粉…小さじ1～2
春巻きの皮…6枚
A | **小麦粉**大さじ1、**水**大さじ½
揚げ油…適量

作り方

1 ツナは汁けを絞る。キャベツに塩をふって軽くもみ、5分ほどおいて水けを絞る。
2 ボウルに大豆、1を入れて混ぜ、片栗粉を少しずつ加えてまとまる程度に調節しながら混ぜる。6等分にし、春巻きの皮にのせて包む。巻き終わりに混ぜ合わせたAを塗り、しっかりとめる。
3 鍋に揚げ油を170°Cに熱し、2を入れて上下を返しながら3分ほど揚げ、食べやすい大きさに切る。

ワンポイントアドバイス

パサつきがちなので、煮汁を少し残すと食べやすくなります。

おからの煮物

細く切った野菜と一緒に

材料(大人2人分+子ども2人分)

生おから…150g
油揚げ(2cm長さの細切り)…⅓枚分
長ねぎ(縦半分に切り、薄切り)…⅓本分
にんじん(3～4cm長さの細切り)…¼本分
A | **だし汁**250mℓ、**しょうゆ・みりん**各大さじ1と⅓、**砂糖**小さじ1
さやいんげん(斜め薄切り)…4本分
ごま油…小さじ1

作り方

1 鍋にごま油を中火で熱し、おから、油揚げ、長ねぎ、にんじんを加えて1～2分炒める。
2 Aを加えて沸騰したらさやいんげんを加え、弱火にして蓋をし、ときどき混ぜながら12～15分煮る。

厚揚げの卵とじ

小松菜の食感がよいアクセントに

材料(大人2人分+子ども2人分)

厚揚げ(1cm厚さ、2cm×3cmに切る)…200g
溶き卵…4個分
A | **だし汁**150mℓ、**しょうゆ・みりん**各大さじ1、**砂糖**小さじ1
小松菜(2cm長さに切り、葉はさらに幅を短く切る)…1株分

作り方

1 鍋に厚揚げ、Aを入れて中火で熱し、沸騰したら小松菜を加えてひと混ぜする。
2 再度沸騰したら溶き卵を回し入れて弱火にして蓋をし、5～6分加熱する。好みで削り節を散らしても。

column

すぐにできる！簡単朝ごはんメニュー

**忙しい朝は、おいしくて手軽に栄養がとれるごはんが一番！
レンチンや作りおきを利用して楽しく簡単に作れる
朝ごはんレシピをご紹介します。**

作りやすく食べやすい朝ごはんで1日元気に！

1日を元気にスタートするためにも、朝ごはんをしっかり食べることが大切です。子どもによっては、朝、食欲がなくてあまり食べない、食べるのが遅いといったことも。そんなときは、少し早く起きてみるのもおすすめです。ごはんの前に少し時間があるとお腹もすくかもしれません。また、夜に多く食べ過ぎていないかなどもチェックしてみてくださいね。

朝ごはんはついつい主食（ごはん・パン）のみになってしまいがちですが、野菜やたんぱく質（卵・肉）などの栄養もプラスしたいところ。一品で栄養完結できるメニューや、気分が上がりストックもできる蒸しパンなど、親子で負担なく楽しく食べられるアイデア朝ごはんをご紹介します。

ごはんメニュー❶

レンチンチャーハン風

面倒なチャーハンもレンチンで！

材料（子ども1人分）

長ねぎ（みじん切り）…2～3cm分
ピーマン（5mm角に切る）…¼個分
ロースハム（1.5cm四方に切る）…½枚分
あたたかいごはん…子ども茶碗1杯分
A **しょうゆ**小さじ½、**鶏がらスープの素**（顆粒）小さじ¼、**塩**少々
溶き卵…½個分
ごま油…小さじ½

作り方

1 耐熱容器に長ねぎ、ピーマン、ハムを入れてごはんをのせる。A、ごま油を回し入れて混ぜ、溶き卵を回し入れる。
2 ふんわりとラップをして、電子レンジで卵が固まるまで2分～2分30秒加熱する（加熱が足りないときは10秒ずつ追加する）。取り出して調味料が均一になるまで、さっくりと混ぜる。

Point ハムをかに風味かまぼこやツナに変えても。

ごはんメニュー❷

トマトリゾット

材料（子ども1人分）

A | **トマトジュース**（無塩）⅓カップ、**水**150〜200㎖、**コンソメスープの素**（顆粒）小さじ¼

B | **冷凍ブロッコリー**（または生）1〜2房、**あたたかいごはん** 子ども茶碗1杯分

ツナ缶（水煮）…大さじ1と½

粉チーズ…小さじ1

塩…少々

作り方

1 鍋にAを入れて中火で熱し、沸騰したらBを加えて軽く混ぜる。ときどき混ぜながら5分ほど煮てブロッコリーを軽くつぶす。

2 汁けをきったツナ、粉チーズを加えて混ぜ、塩で味を調える。

トマトジュースで簡単！

Point 牛乳や生クリームを仕上げに少し加えるとマイルドなトマトクリーム味になります。

ごはんメニュー❸

しらすと青菜のごはんお焼き風

材料（子ども1人分）

小松菜（ゆでて粗みじん切り）…1〜2本分

A | **しらす**4g、**片栗粉**小さじ½

あたたかいごはん …子ども茶碗1杯分

しょうゆ…小さじ½

ごま油…小さじ½

作り方

1 ボウルに小松菜、A、ごはんを入れて混ぜ、2〜3等分にする。ラップで包んで平たいおにぎりにする。

2 フライパンにごま油を中火で熱し、1を入れて弱火にし、蓋をして軽く焼き色がつくまで両面2〜3分ずつ焼く。火を止めてしょうゆを片面に塗る。

平たくして焼けば食べやすい

朝ごはんにぴったりの人気ごはん！

ごはんメニュー❹

レンチンオムライス風

材料（子ども1人分）

あたたかいごはん …子ども茶碗1杯分

ベーコン（1㎝幅に切る）…⅓枚分

ミックスベジタブル…大さじ2

A | **トマトケチャップ**小さじ2、**オリーブ油**小さじ½、**コンソメスープの素**（顆粒）・**塩**各少々

B | **卵**½個、**牛乳**小さじ½、**塩**少々

作り方

1 耐熱容器にごはん、ベーコン、ミックスベジタブル、Aを入れて軽く混ぜる。

2 混ぜ合わせたBをかけ、ふんわりとラップをして電子レンジで卵に火が通るまで50秒〜1分加熱する。好みでトマトケチャップをかける。

パンメニュー❶

フレンチトースト

小さく
切って
食べやすく!

材料（食パン1枚分）

食パン（6枚切り／6等分に切る）…1枚
A｜**卵**1個、**牛乳**100㎖、**砂糖**大さじ1
バター…2〜3g
メープルシロップ…適量

作り方

1 バットにAを入れて混ぜ合わせ、食パンを加えて5分ほどひたし、裏返してさらに5分ほどひたす。
2 フライパンにバターを弱火で熱し、1を入れて蓋をし、焼き色がつくまで3分ほど焼く。裏返して蓋をし、2〜3分焼いて中まで火を通す。器に盛り、メープルシロップをかける。

ワンポイントアドバイス

卵の加熱が十分ではないため、卵焼きなどが食べられてもアレルギーが出る可能性はあります。卵アレルギーが心配な場合は、様子を見てからが安心。子ども用はメープルシロップをごく少量にしましょう。

彩りも
カラフルで
かわいい!

パンメニュー❷

ミックスベジタブルのホットケーキ

材料（3枚分）

卵…1個
牛乳…100㎖
ホットケーキミックス…150g
ミックスベジタブル…40g
スライスチーズ（1㎝四方に切る）…2枚分
サラダ油…少々

作り方

1 ボウルにサラダ油以外を材料欄の順に混ぜながら入れる。
2 フライパンにサラダ油を薄くひいて熱し、弱火で1の⅓量をお玉ですくって丸く入れる。
3 蓋をしてごく弱火で、表面にぷつぷつと空気穴が開いて焼き色がつくまで焼き、裏返してさらに2〜3分焼く。これを3枚作る。粗熱を取り、食べやすい大きさに切る。

作りおきOK!

粗熱を取って1枚ずつラップに包み、ジッパーつきの冷凍用保存袋に入れて冷凍可能。解凍時は耐熱皿にのせてラップを軽く開き、電子レンジで様子を見ながら1枚あたり40秒ほど加熱する（加熱が足りないときは10秒ずつ追加する）。

作りおき
しておけば
ラクチン!

作りおきOK!

粗熱を取って1個ずつラップに包み、冷凍用保存袋に入れて冷凍可能。解凍時はラップを外し、耐熱皿に乗せて上から軽くラップをかけて、電子レンジで様子を見ながら1個あたり40秒ほど加熱する(加熱が足りないときは10秒ずつ追加)。

パンメニュー❸

黒糖とレーズンの豆乳蒸しパン

材料(4～5個分)

A | **卵**1個、**豆乳**50㎖、**水**50㎖、**黒糖**大さじ2、**サラダ油**(あれば太白ごま油)大さじ1

ホットケーキミックス…150g

レーズン…20g

飾り用レーズン…適量

作り方

1 ボウルにAを入れて泡立て器で混ぜ合わせる。ホットケーキミックス、レーズンを加え、混ぜすぎないよう気をつけながら均一になるまで混ぜる。

2 シリコン製のマフィン型に、1を8分目まで入れて飾り用レーズンを散らす。

3 蒸気が上がった蒸し器に入れ、弱～中火で火が通るまで15分ほど蒸す(オーブンなどの蒸し機能の場合、20分に設定する)。

パンメニュー❹

ブルーベリーマフィン

材料(5～6個分)

バター(常温に戻してやわらかくする)…60g

砂糖…30～40g

卵…2個

牛乳…大さじ2

ホットケーキミックス…150g

冷凍ブルーベリー…50g

作り方

1 ボウルにバターを入れて練り混ぜ、砂糖、卵、牛乳を順に泡立て器で混ぜながら入れる。ホットケーキミックスを加えて混ぜ、凍ったままのブルーベリーを加えて混ぜる。

2 紙製のマフィンカップに1を7～8分目まで入れる。

3 170℃に予熱したオーブンで30分焼き、竹串を刺して生っぽい生地がついてこなければよい。金網にのせて冷ます。

特別な日の
朝ごはんや
おやつに!

作りおきOK!

粗熱を取って1個ずつラップに包み、冷凍用保存袋に入れて冷凍可能。解凍時はラップを外し、耐熱皿に乗せて上から軽くラップをかけて、電子レンジで様子を見ながら1個あたり40秒ほど加熱する(加熱が足りないときは10秒ずつ追加)。

幼児期に食べていいもの・注意したいもの

【 野菜・いも・市販品編 】

にんにく・しょうが・パセリ

子どもにとって香りが強い「香味野菜」は、一般的に調理で使う分量であれば問題はありません。例えば、にんにくのすりおろしを多量にそのまま食べさせたり、生でにんにくをかじらせたりする場合は、胃腸などへの刺激も心配ですが、料理に使う程度であれば大丈夫。肉や魚の臭みを消すなどの効果もあるので上手に使いましょう。

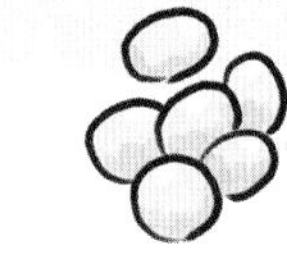

ぎんなん

ぎんなんは丸飲みも心配ですが、毒性が強いので食べ過ぎに注意が必要です。数個であれば問題ありませんが、何十個も食べてしまうと嘔吐やけいれんなどが見られることもあるので、たくさん食べないように気をつけましょう。

じゃがいもの芽や緑の部分

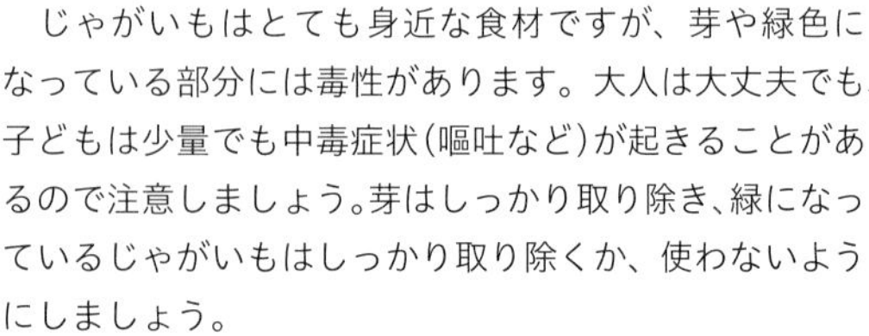

じゃがいもはとても身近な食材ですが、芽や緑色になっている部分には毒性があります。大人は大丈夫でも、子どもは少量でも中毒症状(嘔吐など)が起きることがあるので注意しましょう。芽はしっかり取り除き、緑になっているじゃがいもはしっかり取り除くか、使わないようにしましょう。

インスタント食品・レトルト食品

忙しいときなどに上手に取り入れましょう。ただ、頻度が高すぎたり、量が多すぎると、塩分の摂りすぎや濃い味に慣れすぎてしまう可能性も。例えば、ゆで野菜を加えたり、半量のみにしてみたり、毎日同じものばかりにならないように工夫してみて。また、レトルト食品は具がやわらかくなっているものが多いので、噛み応えのあるものと合わせて食べるとよいでしょう。

カフェインを含む飲み物

子どもはカフェインに過敏に反応するため、少量のみが基本。特に、コーヒー、エナジードリンクなどは、カフェインを多く含むので要注意です。日本での決まりはありませんが、カナダ保健省では「4歳～6歳の子どもは最大45mg/日」と設定されています。この量は、ほうじ茶や煎茶であれば200㎖(1カップ)程度、コーヒーでは約70㎖程度になります。たまにその量を少し超えても特に問題はありませんが、毎日の習慣とはしないようにしたいものです。またカフェインは個人差も大きく、少量でも睡眠に影響することがあるので様子を見て調整を。

コーラなどの嗜好飲料

炭酸飲料は、砂糖がたくさん入っているものが多い割に、甘みを感じにくいため、飲み過ぎてしまうことがあります。糖分は食事で摂れるので、飲料で摂るのは控えたいもの。たまのお楽しみ程度がベスト。また炭酸で満腹感を感じてしまうと食欲に影響することが考えられるので、食事をしっかり楽しむためにも、飲みすぎないようにしましょう。なお、コーラにはカフェインも含まれているので注意が必要です。

Part 2

おいしくて
モリモリ
食べられる！

野菜のサブおかず

ビタミン・ミネラルを含む野菜は毎日摂りたいものですよね。
野菜別に副菜レシピを紹介しているので、
冷蔵庫にある野菜を使って作れます。
野菜嫌いな子もおいしく食べられるレシピが満載です。

ビタミンCが豊富な青菜は
かぜ予防にも効果があります。
副菜に取り入れましょう。

青菜

ほうれん草とベーコンのソテー

塩味のあるベーコンがほうれん草とマッチ！

材料（大人2人分＋子ども2人分）

ほうれん草…1束
ベーコン（1cm幅の細切り）…2枚分
塩…少々
オリーブ油…小さじ1

作り方

1 鍋に湯を沸かし、ほうれん草を入れて1分ほどゆでで、冷水にとって水けを絞る。2cm長さに切り、大きな葉はさらに3等分に切る。

2 フライパンにオリーブ油を中火で熱し、ベーコンを加えて1分ほど炒め、1、塩を加えてさっと炒める。

食べやすくするヒント

1歳半〜2歳 噛み切りにくければキッチンバサミで小さく切る。

ベーコンと

うま味アップ！

ちんげん菜とトマトの中華風サラダ

さっぱり食べたいときにおすすめ

材料（大人2人分＋子ども2人分）

ちんげん菜…2株
トマト（1.5cm角切り）…1個分
A | **ごま油**大さじ1、**しょうゆ**小さじ1、**鶏がらスープの素**（顆粒）小さじ¼

作り方

1 鍋に湯を沸かし、ちんげん菜を入れて1分ほどゆでで、冷水にとって水けを絞る。茎は縦半分に切り、1cm幅に切る。葉は縦2〜3等分に切り、2cm長さに切る。

2 ボウルに全ての材料を入れてあえる。

シャキシャキの
ちんげん菜と
トマトがマッチ

ほうれん草のごまあえ

ごまがよく絡んで止まらないおいしさ

材料（大人2人分＋子ども2人分）

ほうれん草…1束
白すりごま…大さじ1と½〜2
しょうゆ…小さじ½
砂糖…小さじ¼
削り節…1g

作り方

1 鍋に湯を沸かし、ほうれん草を入れて1分ほどゆでで、冷水にとって水けを絞る。2〜3cm長さに切り、葉はさらに3等分に切る。

2 ボウルに全ての材料を入れてあえる。

ごまの香りが
口いっぱいに

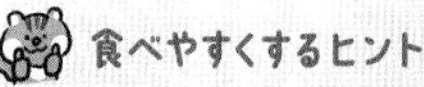

食べやすくするヒント

1歳半〜5歳 キッチンバサミで細かく切って食べやすくしても。

グリーンアスパラガス

アスパラガスは和風や
洋風の料理にも使いやすい！
お弁当やおかずに大活躍の食材です。

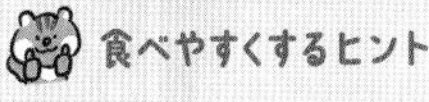

食べやすくするヒント

1歳半〜5歳 斜めに切ってさらに食べやすく。

マヨネーズは焼くことでコク深く！

アスパラのマヨネーズ焼き

味つけはマヨネーズと塩のみ！

材料（大人2人分+子ども2人分）

グリーンアスパラガス
（下⅓の皮をピーラーでむき、4等分の長さに切る）…6本分
塩…少々
マヨネーズ…大さじ1〜1と½

作り方

1 鍋に湯を沸かし、アスパラを入れて40秒〜1分ほどゆで、ザルにあげる。

2 天板にアルミホイルを敷き、1をのせて塩、マヨネーズをかける。

3 オーブントースターの中〜高温でマヨネーズに軽く焦げ目がつくまで5分ほど焼く。

ハムでくるっと巻けば見た目もかわいく

作りおきOK！ 冷蔵2日 冷凍NG

アスパラの薄切りハム巻き

巻いて焼くだけで簡単

材料（大人2人分+子ども2人分）

グリーンアスパラガス
（下⅓の皮をピーラーでむき、3〜4等分の長さに切る）…6本分
ロースハム（半分に切る）…6枚分
片栗粉…少々
オリーブ油…小さじ½

作り方

1 鍋に湯を沸かし、アスパラを入れて40秒〜1分ほどゆで、ザルにあげて粗熱を取る。

2 ハム1切れにつき1を1本（または2本）のせて端から巻く。巻き終わりに片栗粉をつけて手でおさえ、爪楊枝でとめる。

3 フライパンにオリーブ油を中火で熱し、2を入れて転がしながら2分ほど焼いて爪楊枝を取る。

作りおきOK！ 冷蔵2日 冷凍NG

あえるだけで簡単！

アスパラの赤しそ風味あえ

甘じょっぱさがやみつきに！

材料（大人2人分+子ども2人分）

グリーンアスパラガス
（下⅓の皮をピーラーでむき、斜め切り）…6本分
赤しそふりかけ…小さじ½

作り方

1 鍋に湯を沸かし、アスパラを入れて40秒〜1分ほどゆで、ザルにあげて粗熱を取る。

2 ボウルに1、赤しそふりかけを入れてあえる。

ワンポイントアドバイス

アスパラガスは筋が気になるものもあります。その場合は、ピーラーで皮の上の部分をまだらにむくと食べやすくなります。

アボカドとツナの和風ナムル

ツナは汁けをよくきって

材料（大人2人分＋子ども2人分）

アボカド（1.5cm四方に切る）…1個分
ツナ缶（水煮）…50g
A **ごま油**小さじ1、**しょうゆ**小さじ⅓、**和風だしの素**（顆粒）小さじ¼、**塩**少々

作り方

1 ツナは汁けをきる。

2 ボウルにアボカド、1、Aを入れてあえる。

食べやすくするヒント

（1歳半〜5歳）アボカドは食べにくければ軽くフォークで粗くつぶしたり、あえて大きく切っても。

みんな大好き！ツナと合わせて

アボカドとえびのマヨサラダ

プリッとしたえびの食感を楽しんで！

材料（大人2人分＋子ども2人分）

アボカド（1.5cm四方に切る）…1個分
むきえび（背ワタを取り除く）…80g
塩…少々
ブロッコリー（さらに小さく小房に分ける）…6房分
A **マヨネーズ**大さじ2、**レモン汁**小さじ½、**塩**少々

作り方

1 鍋に湯を沸かし、ブロッコリーを入れて3分ほどゆで、ザルにあげて水けをきる。

2 むきえびに塩をふり、軽くもんで洗い流す。鍋に湯を沸かし、むきえびを入れて2〜3分ゆで、ザルにあげて水けを拭き取り、粗熱を取る。

3 ボウルに1、2、アボカド、Aを入れてあえる。

マヨネーズを加えてよくあえて

食べやすくするヒント

（1歳半〜2歳）むきえびは半分の薄さに切る。

アボカドとベーコンのソテー

炒めることでやわらかくなり、彩りもきれいに！

材料（大人2人分＋子ども2人分）

アボカド（8等分のくし形切りにし、横半分に切る）…1個分
ベーコン（1.5cm幅に切る）…2枚分
塩…少々
粉チーズ…大さじ½
オリーブ油…小さじ1

作り方

1 フライパンにオリーブ油を中火で熱し、アボカド、ベーコンを入れてときどき裏返しながら2分ほど炒める。

2 塩、粉チーズを入れてさっと炒める。

粉チーズを加えてコクアップ！

かぶ

いろいろな味つけで楽しめるかぶ。
かぶの葉も栄養たっぷりなので炒め物や
煮物に一緒に入れるのがおすすめ！

かぶは
薄く切って
食べやすく

食べやすくするヒント

1歳半〜5歳 ウインナーは縦半分に切り、斜め薄切りにして食べやすく。

ワンポイントアドバイス

ウインナーは丸い断面にするのではなく、半月切りや斜めに切るようにしましょう。

作りおきOK！ 冷蔵 2日 冷凍 NG

かぶとウインナーのオリーブ油炒め

ウインナーと一緒ならパクパク食べられる！

材料（大人2人分＋子ども2人分）

かぶ（5㎜幅の半月切り）…3〜4個分
ミニウインナー（皮なし／縦半分に切り、斜め薄切り）…6本分
かぶの葉（あれば／1㎝幅の小口切り）…適量
塩…少々
オリーブ油…大さじ½

作り方

1 フライパンにオリーブ油を弱火で熱し、かぶ、ウインナーを入れてときどき裏返しながら6〜7分炒める。

2 かぶの葉を加えて1分ほど炒め、塩をふって混ぜる。

そぼろ
あんかけを
よく絡めて

食べやすくするヒント

1歳半〜5歳 ひき肉はとろみをつけて食べやすく。

作りおきOK！ 冷蔵 2日 冷凍 NG

かぶの中華風そぼろあんかけ

かぶをやわらかく煮込んで

材料（大人2人分＋子ども2人分）

かぶ（4〜6等分のくし形切り）…4個分
豚ひき肉（または鶏ひき肉）…50g
A **水**100㎖、**酒**大さじ1、**オイスターソース**小さじ2、**鶏がらスープの素**（顆粒）・**ごま油**各小さじ½
かぶの葉（あれば／1㎝幅の小口切り）…適量
水溶き片栗粉…水小さじ2＋片栗粉小さじ1

作り方

1 鍋にひき肉、Aを入れて混ぜ、かぶを加える。中火にかけ、沸騰したらアクを取り除く。

2 弱火にして蓋をし、かぶに竹串が通るまで7〜8分煮たらかぶの葉を加えて1分ほど煮る。

3 火を止め、水溶き片栗粉を加えて静かに混ぜ、弱火で熱してとろみをつける。

食べやすくするヒント

1歳半〜2歳 ちくわは半分に切ってさらに食べやすく。

作りおきOK！ 冷蔵 2日 冷凍 NG

いろんな
食感が
楽しめる！

かぶとちくわの煮物

火が通りやすいので短時間で煮物が作れる！

材料（大人2人分＋子ども2人分）

かぶ（6等分のくし形切り）…3〜4個分
ちくわ（煮物用／1㎝幅の輪切り）…½本分
にんじん（小さめの乱切り）…⅓本分
A **だし汁**200〜250㎖、**しょうゆ**小さじ2〜3、**酒・みりん**各小さじ2、**砂糖**小さじ⅔

作り方

1 鍋ににんじん、Aを入れて中火で熱し、沸騰したら弱火にして蓋をし、3分ほど煮る。

2 かぶ、ちくわを加えて野菜がやわらかくなるまで7〜8分煮る。

やさしい甘さでクリームともよく合うかぼちゃは、子どもにも大人気の食材です！

かぼちゃ

かぼちゃのサラダ

マヨネーズとヨーグルトの合わせ技！

材料(大人2人分+子ども2人分)

かぼちゃ（種とワタを取り除き、2cm四方に切る）…正味250g
レーズン…25g
マヨネーズ…大さじ1と½
プレーンヨーグルト…大さじ1
塩…少々

作り方

1 かぼちゃ⅓量は皮を残したまま、残りは皮を切り落とす。

2 鍋に1、かぶるくらいの水(分量外)を入れて中火で熱し、沸騰したら弱火にして蓋をし、8～10分ゆでる。ザルにあげて水けをきる。

3 ボウルに2を熱いうちに入れてつぶし、残りの材料を加えてあえる。

甘いサラダで子どもも おいしく!
作りおき OK!
冷蔵 2日
冷凍 NG

かぼちゃとハムのソテー

薄いかぼちゃなら短い時間でパパッと完成！

材料(大人2人分+子ども2人分)

かぼちゃ
（5～8mm幅のくし形切りにし、3cmの長さに切る）
…正味200g
ロースハム(8等分に切る)
…3枚分
塩…少々
オリーブ油…大さじ½

作り方

1 フライパンにオリーブ油を弱火で熱し、かぼちゃを入れて蓋をし、3～4分焼く。

2 裏返して蓋をし、3～4分焼いて火を通し、ハム、塩を加えてさっと炒める。

作りおき OK!
冷蔵 2日
冷凍 NG
シンプルな塩味だけどおいしい!

食べやすくするヒント

1歳半～5歳 食べにくければ皮をまだらにむく。

かぼちゃのクリーム煮

クリームとかぼちゃがよく絡む！

材料(大人2人分+子ども2人分)

かぼちゃ（2～3cm四方に切る）
…正味200g
玉ねぎ
(薄切りにし、半分の長さに切る)
…¼個分
A | **水**100mℓ、**コンソメスープの素**(顆粒)小さじ⅓、**バター**10g
牛乳…100mℓ
塩…少々

作り方

1 鍋にかぼちゃ、玉ねぎ、Aを入れて中火で熱し、沸騰したら弱火にして蓋をし、5～7分煮る(水分が足りなくなったら足す)。

2 牛乳を加え、かぼちゃが崩れないように静かに混ぜながら1～2分煮る。塩を加えて味を調える。

食べやすくするヒント

1歳半～5歳 かぼちゃはフォークで崩してさらに食べやすく。

かぼちゃがクリームに溶けて美味
作りおき OK!
冷蔵 2日
冷凍 NG

カリフラワー

いろいろな味に変化できるカリフラワー。
サラダでよく使われますが、
実は揚げ物にもおすすめ！

大人用には
粒マスタードを
加えても
作りおき OK！
冷蔵 2日
冷凍 NG

カリフラワーとハムのマリネサラダ

玉ねぎは火を通すと子どもでも食べやすい

材料（大人2人分＋子ども2人分）

カリフラワー（小房に分ける）…½株分
玉ねぎ（薄切りにして2〜3等分の長さに切る）…¼個分
ロースハム（3等分に切り、5㎜幅に切る）…2枚分
オリーブ油…大さじ1
酢…大さじ½
砂糖…小さじ⅓
塩…少々

作り方

1 鍋に湯を沸かし、カリフラワーを入れて3〜4分ゆで、ザルにあげて水けをきる。再度同じ湯を沸かし、玉ねぎを入れて30秒ほどゆで、冷水にとって水けを絞る。

2 ボウルに全ての材料を入れてあえる。

＊大人用＊ 好みで粒マスタードを加えて混ぜても。

箸が
止まらない
おいしさ!

カリフラワーとゆで卵のカレー風味サラダ

ビタミンとたんぱく質が摂れるサラダ

材料（大人2人分＋子ども2人分）

カリフラワー（小房に分ける）…½株分
ゆで卵（固ゆで／8等分に切る）…1個分
マヨネーズ…大さじ1と½
カレー粉…小さじ⅙〜¼
塩…少々

作り方

1 鍋に湯を沸かし、カリフラワーを入れて3〜4分ゆで、ザルにあげて水けをきる。

2 ボウルに全ての材料を入れてあえる。

食感を
楽しんで!
作りおき OK！
冷蔵 2日
冷凍 NG

食べやすくするヒント
1歳半〜5歳 手づかみで食べるとスナック感覚で楽しく食べられる。

カリフラワーの青のりフリッター

青のりが味の決め手に！

材料（大人2人分＋子ども2人分）

カリフラワー（小房に分ける）…½株分
A **溶き卵**⅓個分、**水**大さじ2、**砂糖**小さじ½、**塩**少々、**薄力粉**大さじ4〜4と⅓、**青のり**小さじ½
揚げ油…適量
トマトケチャップ…適宜

作り方

1 ボウルにAを材料欄の順に混ぜながら入れる。

2 揚げ油を170℃に熱し、カリフラワーを1にくぐらせて入れ、ときどき上下を返しながら3〜4分揚げる。器に盛り、好みでトマトケチャップを添える。

キャベツ

常備しておけば、ちょっとした副菜やメインおかずにも便利。やわらかい葉の部分を使いましょう。

キャベツとちくわのごま油あえ

ごま油がふわっと香る

材料(大人2人分+子ども2人分)

キャベツ(せん切り)…$\frac{1}{6}$個分
ちくわ(5㎜の輪切り)…1本分
ごま油…大さじ1
白炒りごま…小さじ1
塩…少々

作り方

1 耐熱容器にキャベツ、ちくわを入れてふんわりとラップをし、電子レンジで2分加熱して水けを拭き取る。

2 ボウルに全ての材料を入れてあえる。

キャベツとピーマンと豚肉の野菜炒め

ボリュームのある野菜盛り盛りおかず

材料(大人2人分+子ども2人分)

キャベツ(2㎝四方に切る)…$\frac{1}{4}$個分
ピーマン(細切りにし、半分の長さに切る)…2個分
豚薄切り肉(しゃぶしゃぶ用/3㎝長さに切る)…120g
にんじん(4㎝長さの短冊切り)…$\frac{1}{3}$本分
A **しょうゆ・水**各大さじ$\frac{1}{2}$、**片栗粉**小さじ$\frac{1}{2}$
塩…少々
ごま油…大さじ$\frac{1}{2}$

作り方

1 フライパンにごま油を中火で熱し、豚肉、にんじんを入れて2分ほど炒め、豚肉の色が変わったら残りの野菜を加えて3分ほど炒める。

2 混ぜ合わせたAを加えてさっと炒め、塩で味を調える。

キャベツとコーンのコールスロー

電子レンジで簡単調理!

材料(大人2人分+子ども2人分)

キャベツ
(2～3㎜幅のせん切りにし、2㎝長さに切る)…150g
ホールコーン缶…50g
マヨネーズ…大さじ2
粉チーズ…大さじ1
酢…小さじ$\frac{1}{2}$
塩…少々

作り方

1 耐熱容器にキャベツを入れてふんわりとラップをし、電子レンジで2分ほど加熱して水けを拭き取る。コーンは汁けをきる。

2 ボウルに全ての材料を入れてあえる。

1歳半～5歳 キャベツの芯はそぎ切りにして食べやすく。
野菜がたっぷりとれる!
作りおきOK!
冷蔵 2日
冷凍 NG
ごま油の香りで食欲アップ
たっぷりコーンで甘さアップ!

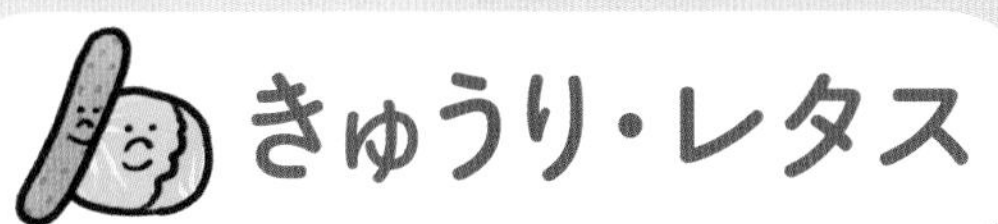

きゅうり・レタス

簡単に作れる副菜や
子どもも大人もうれしい
サラダをご紹介。

食べやすくするヒント
1歳半〜5歳 食べにくければ小さく切るよりも薄く切って。
きゅうりはもみ込んでおいしく！
作りおきOK！
冷蔵2日
冷凍NG

たたききゅうりのナムル

きゅうりはたたいて味を染み込ませて

材料（大人2人分＋子ども2人分）

きゅうり…2本
ごま油…大さじ½
白炒りごま…小さじ½
鶏がらスープの素（顆粒）
…小さじ⅙
塩…少々

作り方

1 きゅうりはめん棒で軽くたたいてから縦に切り、小さめの乱切りにする。
2 ポリ袋に全ての材料を入れて軽くもみ込む。

＊大人用＊すりおろしたにんにく小さじ¼を加えてもみ込んでも。

きゅうりの春雨サラダ

献立に一品あれば喜ばれる

材料（大人2人分＋子ども2人分）

きゅうり
（4cm長さのせん切り）…1本分
塩…少々
にんじん（4cm長さのせん切り）
…¼本分
春雨…40g
A｜**卵**1個、**砂糖**小さじ½、**塩**少々
ロースハム（半分に切り、
4mm幅の細切り）…2枚分
B｜**しょうゆ・ごま油**各大さじ1、
｜**酢**小さじ2、
｜**白炒りごま・砂糖**各小さじ1
サラダ油…少々

作り方

1 きゅうりに塩をふり、水けを絞る。
2 鍋に湯を沸かし、にんじんを入れて2〜3分ゆでて、ザルにあげる。再度同じ湯を沸かし、春雨を入れて4分ほどゆで、冷水にとる。水けを絞り、4〜5等分の長さに切る。
3 ボウルにAを入れて混ぜ合わせる。卵焼き器にサラダ油を熱し、半量のAを流し込んで弱火で9割ほど火が通るまで焼く。裏返して火が通るまで30秒ほど焼き、薄焼き卵を作る。同様にもう1枚作る。3等分の長さに切り、細切りにする。
4 ボウルに1、2、3、ハム、Bを入れてあえる。

食べやすくするヒント
1歳半〜5歳 きゅうりは皮をまだらにむくと食べやすくなる。
シャキシャキ野菜でさっぱり！

グリーンサラダ

手作りドレッシングをかけて

材料（大人2人分＋子ども2人分）

レタス（1〜1.5cm幅に切り、
2cm長さに切る）…⅙個分
ツナ缶（水煮）…1缶（70g）
ホールコーン缶…60g
きゅうり（薄い半月切り）…½本分
ミニトマト（4等分に切る）…6個分
A｜**サラダ油**大さじ1、**酢**小さじ2、
｜**マヨネーズ**小さじ1、**砂糖**小さじ⅓、
｜**塩**小さじ⅙

作り方

1 ツナ、コーンは汁けをきる。ボウルにAを入れて混ぜ合わせる。

2 食べる直前にボウルにレタス、きゅうり、Aを加えてあえる。器に盛り、トマト、ツナ、コーンをのせる。

コーンの天ぷら

モチッと感がたまらない！

材料（大人2人分＋子ども2人分）

ホールコーン缶…1缶（200g）
A ｜ **薄力粉**大さじ4と½、**水**大さじ3と½、**塩**少々
揚げ油…適量
めんつゆ（またはしょうゆ）…適宜

作り方

1 コーンは水けをきり、ボウルにAとともに入れて混ぜる。

2 鍋に揚げ油を170℃に熱し、1をスプーンですくって入れる。固まったら裏返して3〜4分揚げ、油をきる。器に盛り、好みでめんつゆを添える。

食べやすくするヒント
1歳半〜2歳 豆は細かくきざむ。
3〜5歳 粗くきざんだ豆の食感を楽しんで。
1歳半〜5歳 手づかみで食べるとスナック感覚で楽しく食べられる。
作りおきOK！
冷蔵 2日
コロコロした豆がかわいい！
冷凍 1週間
噛むほど甘くてやみつきに！

コーンのミックスビーンズサラダ

ケチャップが隠し味

材料（大人2人分＋子ども2人分）

ホールコーン缶…½缶（100g）
ミックスビーンズ缶（水煮）…50g
きゅうり（4㎜幅の半月切り）…½本分
塩…少々
マヨネーズ…大さじ1と½〜2
トマトケチャップ…小さじ½

作り方

1 コーンは汁けをきる。ミックスビーンズは汁けをきって粗くきざむ。きゅうりは塩をふり、3〜5分おいて水けを絞る。

2 ボウルに全ての材料を入れてあえる。

コーンと卵のスクランブルエッグ

子どもが大好きな組み合わせ

材料（大人2人分＋子ども2人分）

ホールコーン缶…½缶（100g）
A ｜ **卵**4個、**牛乳**大さじ1、**塩**少々
オリーブ油…大さじ½（またはバター8g）
トマトケチャップ…適量

作り方

1 ボウルにAを入れて混ぜ合わせる。

2 コーンは汁けをきる。フライパンにオリーブ油を中火で熱し、コーンを入れて1分ほど炒める。

3 1を加えて手早く混ぜ、中までよく火が通ったら器に盛り、ケチャップをかける。

＊大人用＊ 卵を半熟で取り出しても。

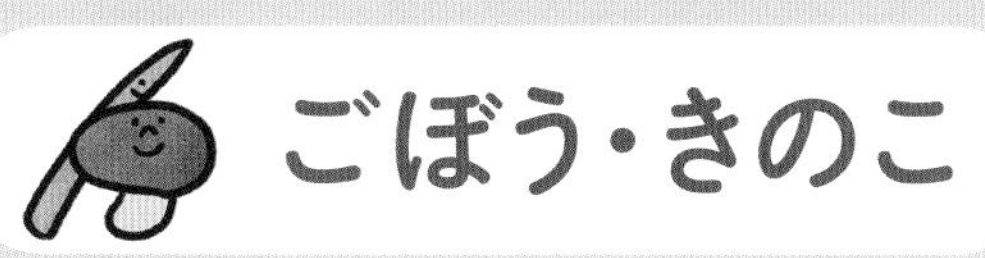

食物繊維が豊富なごぼうときのこ。
献立に一品入れるだけで
子どもの成長のサポートに。

食べやすくするヒント

1歳半〜5歳 ごはんに混ぜると混ぜごはん風で食べやすく。

ごぼうとツナ炒め

ごぼうの香りが口に広がる

材料（大人2人分＋子ども2人分）

- **ごぼう**（細いせん切り）…150g
- **ツナ缶**（水煮）…70g
- **水**…⅓カップ
- A | **しょうゆ**小さじ1、**砂糖**小さじ½
- **オリーブ油**…小さじ1

作り方

1. ごぼうは水にさっとさらして水けをきる。ツナは汁けをきる。
2. フライパンにオリーブ油を弱火で熱し、ごぼうを入れて蓋をし、ときどき混ぜながら2分ほど炒める。
3. 水を加え、ときどき混ぜながら3〜4分煮て蓋を開け、水分がほとんどなくなるまで煮詰める。ツナ、Aを加えて1〜2分炒める。

ごぼうのマヨネーズサラダ

ヨーグルトでまろやかな味つけ

材料（大人2人分＋子ども2人分）

- **ごぼう**（ピーラーで3cm長さの薄いささがきにする）…150g
- **さやいんげん**…4本
- **プロセスチーズ**（切れているタイプ／1cm四方に切る）…2枚分
- **マヨネーズ**…大さじ2
- **プレーンヨーグルト**…小さじ2
- **塩**…少々

作り方

1. 鍋に湯を沸かし、さやいんげんを入れて5〜6分ゆでる。冷水にとり、水けをきって斜め薄切りにする。
2. ごぼうは水にさっとさらして水けをきる。1の湯を再び沸かし、ごぼうを入れ、5分ほどゆでてザルにあげる。
3. ボウルに全ての材料を入れてあえる。

きのことハムのソース炒め

きのこたっぷり！ ソースが絡んで絶品

材料（大人2人分＋子ども2人分）

- **しめじ**（2〜3等分に切る）…150g
- **マッシュルーム**（4mm幅の薄切りにし、半分に切る）…5〜6個分
- **ロースハム**（半分の長さに切り、5mm幅の細切り）…2枚分
- A | **中濃ソース**大さじ1、**塩**少々
- **サラダ油**…小さじ1

作り方

1. フライパンにサラダ油を中火で熱し、しめじ、マッシュルームを入れて4〜5分炒める。
2. ハムを加えて2分ほど炒め、Aを加えてさっと煮絡める。

さつまいもと里いもは、
煮物だけでなくサラダやおやつにも
なるすぐれもの！

さつまいも・里いも

さつまいもの煮物

甘くてホクホクのさつまいもが美味！

材料(大人2人分+子ども2人分)

さつまいも(皮つきのまま1cm幅のいちょう切り)…½本分
水…200～250mℓ
A | **砂糖**大さじ2と½、**しょうゆ**小さじ½、**塩**小さじ¼

作り方

1 さつまいもを水(分量外)に1分ほどさらして水けをきる。
2 鍋に1、かぶるくらいの水、Aを入れて中火で熱し、沸騰したら弱火にして蓋をし、やわらかくなるまで10分ほど煮る。
3 火を止めて粗熱を取り、食べやすい大きさに切る。

＊アレンジ＊火を止める直前に、レモン汁小さじ½を加えても。

作りおきOK！ 冷蔵 2日 冷凍 NG

スティック大学いも

ちょっとしたおやつにも

材料(大人2人分+子ども2人分)

さつまいも(5cm長さ、1cm幅のスティック状に切る)…½本分
A | **砂糖**大さじ2、**水**小さじ2、**しょうゆ**小さじ1
黒炒りごま…小さじ½
揚げ油…適量

作り方

1 さつまいもを水(分量外)に1分ほどさらして水けを拭き取る。
2 鍋に揚げ油を160～170℃で熱し、1を入れて竹串が通るまで4分ほど揚げ、油をきる。
3 フッ素樹脂加工のフライパンにAを入れて中火で熱し、ゆすりながら砂糖を溶かす。2を加えてゆすりながら全体にとろみがつくまで煮絡め、黒炒りごまを加えてさっと混ぜる。

ワンポイントアドバイス
おやつにもおかずにもなるので、多めに作っておくとよいでしょう。

甘いタレで
子どもの
大好きな味つけに

作りおきOK！ 冷蔵 2日 冷凍 NG

里いものみそ風味あえ

里いもは粗めにつぶすのがおすすめ

材料(大人2人分+子ども2人分)

里いも…5～6個
水…大さじ2
きゅうり(薄い半月切り)…⅓本分
塩…少々
玉ねぎ(薄切りにして2～3等分の長さに切る)…¼個分
A | **マヨネーズ**大さじ1と½、**みそ・水**各小さじ1

作り方

1 耐熱容器に皮つきの里いも、水を入れてふんわりとラップをし、電子レンジで5分加熱する。裏返してラップをし、やわらかくなるまで5分ほど加熱する。皮をむいてボウルに入れ、粗くかたまりが残る程度にフォークでつぶす。
2 きゅうりに塩をふり、水けを絞る。耐熱容器に玉ねぎを入れてふんわりとラップをし、電子レンジで30～40秒加熱する。冷水にとり、水けを絞る。
3 ボウルにAを入れて混ぜ合わせ、1、2を加えてあえる。

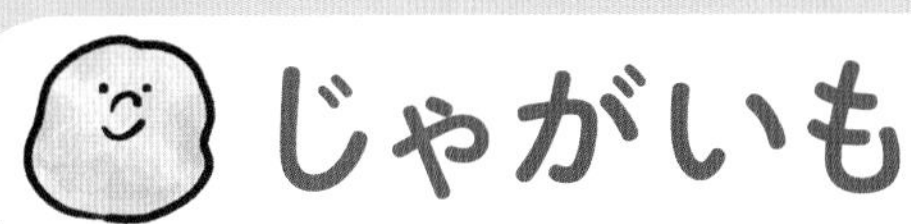

みんなが好きなじゃがいも。
じゃがいもの芽はしっかり取ってから調理しましょう。

食べやすくするヒント
(1歳半～2歳)食べにくければウインナーを半分に切る。

ジャーマンポテト風

ウインナーは細長く切れば一緒に食べやすい

材料(大人2人分+子ども2人分)

じゃがいも…2個
水…50㎖
ミニウインナー(皮なし/縦4等分に切る)…6本分
塩…少々
オリーブ油…大さじ1

作り方

1 耐熱容器に皮つきのじゃがいも、水を入れてふんわりとラップをし、電子レンジで3～4分加熱する。裏返してラップをし、3分加熱する。8等分のくし形切りにし、子ども用は皮を取る。

2 フライパンにオリーブ油を中火で熱し、1、ウインナーを入れて焼き色がつくまで炒め、塩を加えて混ぜ合わせる。

＊大人用＊ 最後にすりおろしたにんにく少々、粗びき黒こしょうを加えてさっと炒めても。

ポテトサラダ

じゃがいもは熱いうちにつぶして!

材料(大人2人分+子ども2人分)

じゃがいも(6等分に切る)…2個分
にんじん(4㎜幅のいちょう切り)…¼本分
きゅうり(薄い半月切り)…⅓本分
塩…少々
ロースハム(3等分の長さに切り、5㎜幅の細切り)…2枚分
A | **マヨネーズ**大さじ2、**酢**小さじ1、**塩**少々

作り方

1 じゃがいもを水(分量外)にさっとさらして水けをきる。鍋に水(分量外)、じゃがいも、にんじんを入れ、10～12分ゆで、ザルにあげる。ボウルに入れ、熱いうちにじゃがいもをつぶす。

2 きゅうりに塩をふり、水けを絞る。

3 1に2、ロースハム、混ぜ合わせたAを加えてあえる。

じゃがいもとツナの煮物

作りおきをしておけば味がさらに染み込む!

材料(大人2人分+子ども2人分)

じゃがいも(6等分に切る)…3個分
ツナ缶(水煮)…1缶(70g)
玉ねぎ(1㎝幅のくし形切りにし、半分の長さに切る)…⅓個分
A | **だし汁**200～250㎖、**しょうゆ**大さじ1と⅓、**酒・みりん**各大さじ1、**砂糖**小さじ1

作り方

1 じゃがいもを水(分量外)にさっとさらして水けをきる。ツナは汁けをきる。

2 鍋にじゃがいも、玉ねぎ、Aを入れて中火で熱し、沸騰したら弱火にして蓋をし、じゃがいもに竹串がスッと通るまで12～15分煮る。

3 ツナを加えて2分ほど煮る。

おうちごはんの定番野菜。
煮物や、サラダ、副菜などアレンジさまざまです。

大根

大根と鶏ひき肉の煮物

ひき肉のうま味が大根に染み込む

作りおきOK! 冷蔵2日 冷凍NG

材料(大人2人分+子ども2人分)

大根(8mm～1cmのいちょう切り)…⅕本分
A | だし汁250mℓ、しょうゆ・酒・みりん各大さじ1、砂糖小さじ1
鶏ひき肉…100g

作り方

1 鍋に大根、Aを入れて中火で熱し、沸騰したら鶏ひき肉をスプーンですくい、平たい丸形にして加える。

2 アクを取り除いて弱火にし、落し蓋をしてさらに蓋をし、途中1～2回上下を返すように混ぜて20分ほど煮る。汁けが多ければ蓋を開けて5分ほど煮詰める。

ホッとする
味つけ

食べやすくするヒント

1歳半～2歳 鶏ひき肉は平たい丸形にして食べやすく。

大根と海藻のマヨネーズサラダ

かにかまで彩りをプラスして

材料(大人2人分+子ども2人分)

大根(3～4cm長さのせん切り)…⅕本分
塩…少々
海藻ミックス(乾燥)…4g
かに風味かまぼこ(半分の長さに切り、ほぐす)…3本分
A | マヨネーズ大さじ1と½、塩少々

作り方

1 大根に塩をふり、5分ほどおいて水けを絞る。

2 海藻ミックスは袋の表示通りに水で戻して水けを絞り、粗くきざむ。

3 ボウルに1、2、かに風味かまぼこ、Aを入れてあえる。

食べやすくするヒント

1歳半～5歳 海藻はきざんで食べやすく。

食物繊維が
豊富な
サラダ!

ワンポイントアドバイス

かに風味かまぼこには、かにが含まれている場合があるので、初めて食べるときはアレルギーの可能性も考えて少量がおすすめです。

大根もち風

桜えびを加えて味のアクセントを！

作りおきOK! 冷蔵2日 冷凍NG

材料(大人2人分+子ども2人分)

大根(粗めのおろし器でおろす)…¼本分
大根の絞り汁…大さじ1と⅓～1と½
小ねぎ(小口切り)…1と½本分
桜えび…4g
A | 小麦粉・片栗粉各45g、塩少々
ごま油…小さじ2
しょうゆ(またはポン酢しょうゆ)…適量

作り方

1 大根は汁けを軽く搾る(搾り汁は取っておく)。

2 ボウルに1、小ねぎ、桜えび、Aを入れてよく混ぜ、搾り汁を加えながら成形できる固さに調節して混ぜる。6等分にして小判形に成形する。

3 フライパンにごま油を中火で熱し、2を入れてアルミホイルをかぶせ、3分ほど焼く。裏返して同様に3分ほど焼く。器に盛り、しょうゆにつけていただく。

食べやすくするヒント

1歳半～2歳 少し薄く切って噛み切りやすく。

もちもち
新食感の
おかず!

トマト

色も鮮やかなトマトは
食卓には欠かせない食材です。
パパッと作れる一品をご紹介します。

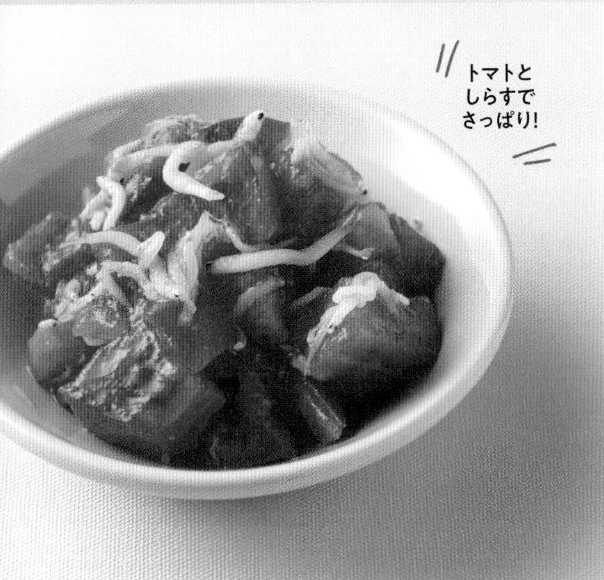
トマトと
しらすで
さっぱり！

トマトとしらすのしょうゆあえ

全ての材料を入れてあえるだけ！

材料（大人2人分＋子ども2人分）

トマト（1～1.5㎝角切り）
…2個分
しらす…15g
しょうゆ…小さじ½
オリーブ油…小さじ1

作り方

1 ボウルに全ての材料を入れてあえる。

とろっと
チーズが
溶ける！

トマトのフライパンチーズ焼き

フライパンで簡単調理！

材料（大人2人分＋子ども2人分）

トマト（1㎝幅のいちょう切り）
…2個分
スライスチーズ
（6～8等分に切る）…3枚分
オリーブ油…小さじ1

作り方

1 フライパンにオリーブ油を中火で熱し、トマトを入れてチーズをのせる。

2 チーズが溶けるまで30秒～1分焼く。

ワンポイントアドバイス

生のトマトが苦手でも、加熱をすると食べる子どももいますので、試してみるのもおすすめです。

すりごまの
つぶつぶ感が
クセに！

トマトのごまあえ

すりごまがトマトになじむ！

材料（大人2人分＋子ども2人分）

トマト（1～1.5㎝角切り）
…2個分
白すりごま…大さじ1
しょうゆ…小さじ½
砂糖…小さじ¼

作り方

1 ボウルに全ての材料を入れてあえる。

なすは和食でも洋食でも使える野菜。
献立に合わせて取り入れてみてください。

なす

なすの甘みそ炒め

みそ味でごはんが進む！

とろっと
なすが
おいしい！

材料（大人2人分＋子ども2人分）

なす（5㎜幅のいちょう切り）…3本分

A **水**大さじ3、**みそ**大さじ1、**砂糖**大さじ½、**みりん**小さじ1、**しょうゆ**小さじ½

サラダ油…小さじ2

作り方

1 なすは水（分量外）にさっとさらして水けを拭き取る。

2 フライパンにサラダ油を中火で熱し、弱めの中火にして**1**を加え、しんなりするまで5分ほど炒める。

3 混ぜ合わせた**A**を加えて1～2分煮絡める。

作りおきOK！ 冷蔵 2日 冷凍 NG

食べやすくするヒント

1歳半～5歳 皮が苦手なら皮をまだらにむいて。

なすのチーズ焼き

なすとチーズがベストマッチ！

チーズは
焼き目を
つけて

材料（大人2人分＋子ども2人分）

なす（皮を縞目にむき、1㎝幅の輪切り）…3本分

トマトケチャップ…大さじ1と½

ピザ用チーズ…60g

作り方

1 なすは水（分量外）にさっとさらして水けを拭き取る。

2 天板にアルミホイルを敷き、**1**をのせてトマトケチャップを塗り、チーズをのせる。オーブントースターの中～高温でチーズが溶けてなすに火が通るまで8分ほど焼く。

焼きなすのだしびたし

真っ黒になるまで焼くと皮がむきやすい！

作りおきOK！ 冷蔵 2日 冷凍 NG

調味料は
めんつゆ
だけ

材料（大人2人分＋子ども2人分）

なす…3本

A **めんつゆ**（ストレート）50㎖、**水**大さじ2

削り節…2g

作り方

1 天板にアルミホイルを敷き、なすをのせてオーブントースターの高温でときどき裏返しながら、皮が真っ黒になり、竹串がスッと通るまで5～6分焼く。

2 粗熱が取れたら**1**の皮をむき、縦4～6等分に切り、2～3等分の長さに切る。

3 ボウルに**A**を入れて混ぜ合わせ、**2**、削り節を加えて混ぜ、冷蔵庫で20分以上漬ける。

野菜のおかず

苦手な子も多いにんじんですが、細く切ってほかの食材と合わせればぐんと食べやすくなります。

にんじんとチーズのしっとりサラダ

チーズのうま味でやみつきになる味!

材料(大人2人分+子ども2人分)

にんじん(せん切り)…1本分
カッテージチーズ…50g
オリーブ油…大さじ½
塩…少々

作り方

1 耐熱容器ににんじんを入れてふんわりとラップをし、電子レンジで1分～1分20秒加熱する。水けを拭き取り、粗熱を取る。

2 ボウルに全ての材料を入れてあえる。

にんじんとツナのサラダ

塩とオリーブオイルでシンプルに

材料(大人2人分+子ども2人分)

にんじん(せん切り)…1本分
ツナ缶(水煮)…40g
塩…少々
オリーブ油…小さじ1

作り方

1 耐熱容器ににんじん、オリーブ油を入れて混ぜる。ふんわりとラップをし、電子レンジで1分～1分20秒加熱する。

2 1に汁けをきったツナ、塩を加えてあえる。

にんじんと切干大根の煮物

にんじんを多めに入れて栄養アップ

材料(大人2人分+子ども2人分)

にんじん(4cm長さの細切り)…⅓本分
切干大根(乾燥)…30g
油揚げ(3等分に切り、細切り)…½枚分
A | **だし汁**1と⅓カップ、**砂糖・酒・みりん**各大さじ½、**しょうゆ**小さじ2
サラダ油…小さじ1

作り方

1 切干大根は水に15～20分つけて戻し、水けを軽く絞って4～5cm長さに切る。

2 鍋にサラダ油を中火で熱し、1、にんじん、油揚げを入れて2分ほど炒める。

3 Aを加え、沸騰したら弱火にして蓋をし、15分ほど煮る。煮汁が多ければ蓋を取って軽く煮詰める。

炒め物や煮物、あえ物など
さまざまな料理に使える万能野菜。
副菜として一品添えて。

白菜

麻婆白菜風ひき肉炒め

白菜がとろっと煮汁に絡む

材料（大人2人分＋子ども2人分）

白菜（芯は1cm幅、3～4cm長さに切り、葉は2～3cm四方に切る）…1/6個分
豚ひき肉…100g
A｜**水**50mℓ、**オイスターソース**大さじ1、**みそ**小さじ1、**鶏がらスープの素**（顆粒）小さじ1/2、**にんにく**（すりおろす）小さじ1/4
水溶き片栗粉…水大さじ1＋片栗粉小さじ2～3
ごま油…大さじ1/2

作り方

1 フライパンにごま油を中火で熱し、ひき肉を入れて色が変わるまで炒め、白菜を加えて3～4分炒める。

2 混ぜ合わせたAを加えて沸騰したら、水溶き片栗粉を少しずつ加えてとろみがつくまで炒める。

＊大人用＊ 子ども用を取り分けたあと、豆板醤小さじ1/2を加えて炒めても。

大人用には
豆板醤を
加えても

ワンポイントアドバイス
とろみをつけることで食べやすい一品になります。

白菜と油揚げの煮びたし

油揚げでさらにうま味がプラス

材料（大人2人分＋子ども2人分）

白菜（芯は1cm幅、3～4cm長さに切り、葉は2～3cm四方に切る）…1/8個分
油揚げ…1枚
A｜**だし汁**200mℓ、**しょうゆ・みりん**各小さじ2

作り方

1 油揚げに熱湯をかけて油抜きをし、横3等分に切って1cm幅の細切りにする。

2 鍋に白菜、1、Aを入れて中火で熱し、沸騰したら弱火にして蓋をし、6～8分煮る。

白菜は
よく煮込んで
染み染み
作りおきOK!
冷蔵 2日
冷凍 NG

白菜としらすのしょうゆあえ

しょうゆは少しの分量でOK

材料（大人2人分＋子ども2人分）

白菜（芯は1cm幅、3～4cm長さに切り、葉は2～3cm四方に切る）…1/6個分
しらす…25g
しょうゆ…小さじ2/3

作り方

1 鍋に湯を沸かし、白菜を入れて2～3分ゆで、冷水にとって水けを絞る。

2 ボウルに全ての材料を入れてあえる。

しょうゆの
シンプルな
味つけ!
作りおきOK!
冷蔵 2日
冷凍 NG

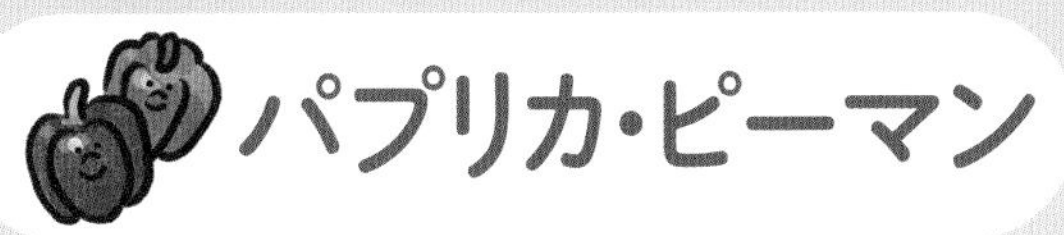

パプリカは食卓の彩りに。
ピーマンの苦みが苦手な子には
チーズを合わせたり、細く切って。

食べやすくするヒント

1歳半～5歳 魚肉ソーセージは縦半分に切り、斜めに切って食べやすく。

パプリカとソーセージのケチャップ炒め

長さをそろえて食べやすく

材料（大人2人分＋子ども2人分）

パプリカ（赤／細切りにし、2～3等分に切る）…1個分
玉ねぎ（薄切りにし、2～3等分の長さに切る）…¼個分
魚肉ソーセージ（縦半分に切り、斜め切り）…1本分
A | **トマトケチャップ**大さじ1と½、**コンソメスープの素**（顆粒）小さじ¼
オリーブ油…大さじ½

作り方

1 フライパンにオリーブ油を弱めの中火で熱し、パプリカ、玉ねぎ、魚肉ソーセージを入れて4～5分炒める。

2 Aを加えてさっと炒める。

食べやすくするヒント

1歳半～2歳 食べやすい大きさに切る。

ピーマンのツナチーズ焼き

ピーマンの苦味をチーズでまろやかに

材料（大人2人分＋子ども2人分）

ピーマン（縦半分に切る）…4～5個分
マヨネーズ…大さじ1
ツナ缶（水煮）…70g
ピザ用チーズ…60g

作り方

1 天板にアルミホイルを敷き、ピーマンをのせてピーマンの内側にマヨネーズを薄く塗り、ツナ、チーズをのせる。

2 オーブントースターの高温で5～8分焼く。

＊アレンジ＊
マヨネーズをトマトケチャップ大さじ1～1と½に変えても。

ピーマンとじゃこ炒め

しんなりピーマンとじゃこが合う！

材料（大人2人分＋子ども2人分）

ピーマン（5㎜幅の細切り）…4個分
ちりめんじゃこ（小さめのもの）…20g
A | **水**大さじ½、**しょうゆ・みりん**各小さじ1
ごま油…小さじ1

作り方

1 フライパンにごま油を中火で熱し、ピーマンを入れて3～4分炒める。

2 ちりめんじゃこを加えて1分ほど炒め、Aを加えてさっと炒める。

ブロッコリー

栄養価の高いブロッコリーは食卓に欲しい一品。卵やチーズと合わせると食べやすく。

ブロッコリーのタルタルソースかけ

タルタルソースで食べやすくなること間違いなし！

タルタルをたっぷりかけて!

材料(大人2人分+子ども2人分)

ブロッコリー（小房に分ける）…½個分
ゆで卵(固ゆで)…1個
A **マヨネーズ・プレーンヨーグルト**各大さじ1、**塩**少々

作り方

1 鍋に湯を沸かし、ブロッコリーを入れて3分ほどゆで、ザルにあげて水けをよくきり、器に盛る。

2 ボウルにゆで卵を入れてフォークでつぶし、Aを加えて混ぜ、1にかける。

＊大人用＊ソースにきざんだピクルス適量を混ぜても。

ブロッコリーのピカタ

粉チーズを入れるのがポイント！

ケチャップとの相性が抜群!
作りおきOK!
冷蔵 2日
冷凍 NG

材料(大人2人分+子ども2人分)

ブロッコリー（小房に分ける）…小1個分
薄力粉…適量
A **溶き卵**2個分、**粉チーズ**小さじ2
オリーブ油…大さじ½
トマトケチャップ…適量

作り方

1 耐熱容器にブロッコリー、水大さじ1(分量外)を入れてふんわりとラップをし、電子レンジで1分40秒加熱する。水けを拭き取り、薄力粉を薄くまぶす。

2 ボウルにAを入れて混ぜ合わせる。

3 フライパンにオリーブ油を中火で熱し、1を2にくぐらせながら入れて蓋をし、弱火にして1分30秒ほど焼く。同様に全面焼いて火を通す。器に盛り、トマトケチャップを添える。

ワンポイントアドバイス
手づかみすると、野菜を身近に感じられるようになる効果もあります。

ブロッコリーのチーズとおかかあえ

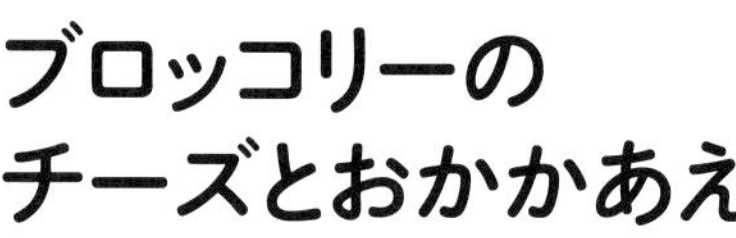

ブロッコリーとチーズを一緒に召し上がれ

おかかとチーズで食べやすく!
作りおきOK!
冷蔵 2日
冷凍 NG

材料(大人2人分+子ども2人分)

ブロッコリー（小房に分ける）…小1個分
クリームチーズ（8㎜四方に切る／またはカッテージチーズ）…30g
削り節…4g
しょうゆ…小さじ½

作り方

1 鍋に湯を沸かし、ブロッコリーを入れて3分ほどゆで、ザルにあげて水けをよくきる。

2 ボウルに全ての材料を入れてあえる。

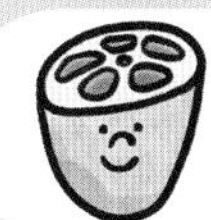

れんこん

食物繊維が豊富なれんこん。
加熱後も歯ごたえがあって硬いので
必ず薄く切るようにしましょう。

食べやすくするヒント

1歳半〜5歳 硬い野菜は薄く切って炒り煮にすることで食べやすく。

れんこんとにんじんのきんぴら

ごま油で炒めて風味豊かに

材料(大人2人分+子ども2人分)

れんこん(2㎜幅のいちょう切り)
…150g
にんじん(3㎜幅の半月切り)
…¼本分
A | **砂糖・しょうゆ・水**各大さじ1
白炒りごま…小さじ½
ごま油…大さじ½

作り方

1 れんこんは水(分量外)にさっとさらして水けをきる。

2 フライパンにごま油を弱火で熱し、1、にんじんを入れる。蓋をし、ときどき混ぜながら4〜6分炒める。

3 Aを加えて汁けがほとんどなくなるまで炒め、白炒りごまを加えて混ぜる。

れんこんとひじきのマヨネーズサラダ

歯応えのあるれんこんとしっとりしたツナがよく絡む!

材料(大人2人分+子ども2人分)

れんこん(2㎜幅のいちょう切り)
…150g
酢…小さじ1
ツナ缶(水煮)…50g
ひじき(水煮)…50g
(または乾燥芽ひじき6g)
A | **マヨネーズ**大さじ2、**しょうゆ**小さじ½、**塩**少々

作り方

1 れんこんは水(分量外)にさっとさらして水けをきる。鍋に湯を沸かし、れんこん、酢を入れて5分ほどゆで、ザルにあげて水けを拭き取る。

2 ツナ、ひじきは汁けをきる(乾燥芽ひじきの場合、水に30分ほどつけて戻し、沸騰した鍋に入れて1〜2分ゆで、ザルにあげて冷水にとる)。

3 ボウルに1、2、Aを入れてあえる。

食べやすくするヒント

1歳半〜2歳 かまぼこはなるべく薄く切る。

れんこんとかまぼこの甘酢あえ

れんこんは酢でゆでて変色を防ぐ

材料(大人2人分+子ども2人分)

れんこん(2㎜幅のいちょう切り)
…150g
酢…小さじ1
かまぼこ(5㎜幅の細切り)
…¼本分
A | **酢**大さじ1と½、**砂糖**大さじ1、**だし汁**大さじ½、**塩**小さじ¼

作り方

1 れんこんは水(分量外)にさっとさらして水けをきる。鍋に湯を沸かし、れんこん、酢を入れて5分ほどゆで、ザルにあげて水けをよくきる。

2 ボウルに1、かまぼこ、Aを入れてあえる。

好き嫌いを克服できる！おいしく食べられる工夫

肉や魚、野菜など苦手な食材は子どもによっても違います。
好き嫌いのある子でも食べるきっかけになる
アレンジレシピをご紹介します。

食感と味つけを変えると食べられることも

子どもの好き嫌いは悩みの種ですが、あまり心配しすぎなくても大丈夫です。「自分の好きなものがわかる」という成長の1つではありますが、少しでも食べられる食材が増えるように促しましょう。

好き嫌いで考えたいポイントの1つが野菜や肉の「食感」です。たとえばトマトが食べにくければつぶしてトマトソースにして食感を変えたり、そのままの薄切り肉が食べにくければ、野菜を巻いて肉巻きにして噛み切りやすくしたりすると、食べやすくなることがあります。そして、もう1つのポイントは「味つけ」です。ホワイトソースやカレー味など、子どもが好きな味をとり入れると食べられるようになることも。いつか苦手な食材も無理なく楽しめるように楽しみながら工夫していけるといいですね。

好き嫌い克服の調理Point

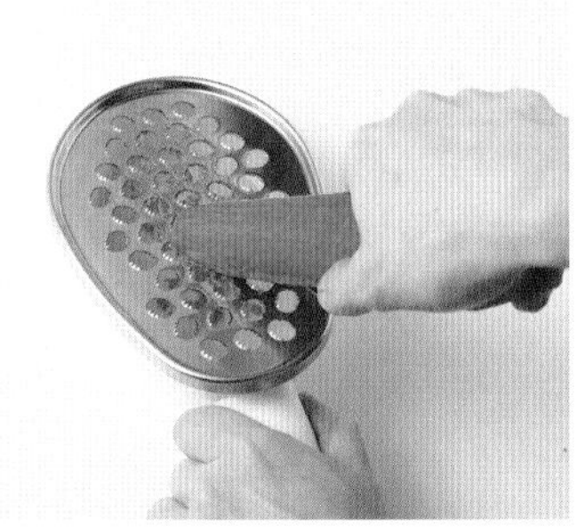

すりおろす、きざむなど小さく切って混ぜ込む

にんじん独特の香りが苦手という子には、料理に混ぜ込むことで食べやすくなることも。すりおろすと形が分からないので、ゼリーなどのおやつや、きざんで肉だねに混ぜ込むのがおすすめ(P97参照)。

食材で包む、衣をつけるなど見た目で食べやすく

ブロッコリーやほうれん草などの緑の野菜自体が苦手という子には、肉で巻いたり、衣をつけて見た目をチェンジ！揚げると味もコクがアップして食べやすくなるのでおすすめ(左ページ参照)。

子どもが好きな味に混ぜて

なすなどの食感が苦手という子には、小さく切ってドリアなど子どもの好きな食材に混ぜると食べやすくなる(左ページ参照)。

（ブロッコリーの食感が苦手…。）

ブロッコリーの肉巻きカレー風味フリッター

材料（大人2人分＋子ども2人分）

ブロッコリー（小房に分ける）…½株分
豚薄切り肉（しゃぶしゃぶ用）…150g
塩…少々
A | **溶き卵**½個分、**薄力粉**55〜60g、**水**100㎖、**砂糖**小さじ1、**カレー粉**小さじ½
揚げ油…適量

作り方

1 ブロッコリー1房に豚肉1枚を巻きつけて塩をふる。
2 ボウルにAを入れて混ぜ合わせる。
3 鍋に揚げ油を160〜170℃に熱し、1を2にくぐらせて揚げる。ときどき裏返しながら5〜6分揚げて油をきる。

＼おいしく食べられる工夫／
カレー粉の風味と肉のうま味や食感で野菜が食べやすくなります。トマトケチャップやめんつゆをかけても。

（なすの食感が苦手…。）

なすのミートソースドリア

材料（大人2人分＋子ども2人分）

なす（粗みじん切り）…2本分
合いびき肉…200g
玉ねぎ（みじん切り）…¼個分
A | **トマトケチャップ**大さじ3、**ウスターソース**小さじ1、**コンソメスープの素**（顆粒）小さじ¼
B | **市販のホワイトソース**（真空パックタイプ）3パック、**ピザ用チーズ**80g
あたたかいごはん…茶碗3杯分（大人2杯分＋子ども2杯分）
オリーブ油…小さじ1

作り方

1 なすは水にさらして水けをきる。フッ素樹脂加工のフライパンにひき肉を入れて中火で炒め、余分な脂を拭き取る。オリーブ油、なす、玉ねぎを加えて3〜4分炒め、Aを加えて2〜3分炒める。
2 耐熱皿にごはん、1、Bを材料欄の順にのせる。トースターの高温で焼き色がつくまで5分ほど焼く。

＼おいしく食べられる工夫／
なすやひき肉の食感をホワイトソースでカバーすることで食べやすくなります。

（野菜全般が苦手…。）

きざみ野菜のミートローフ

野菜は
細かく
きざんで!

材料（大人2人分＋子ども2人分）

合いびき肉…250g
玉ねぎ（みじん切り）…⅛個分
ピーマン（5㎜四方に切る）
…1個分
にんじん（すりおろす）…¼本分
A｜**パン粉**（乾燥）⅔カップ、**溶き卵**1個分、**塩**小さじ⅙、**こしょう**少々
うずらの卵（水煮／4等分に切る）
…6個分
B｜**トマトケチャップ**大さじ4、**ウスターソース** 大さじ½、**砂糖**小さじ½、**水**大さじ3、**片栗粉**小さじ½

作り方

1 ボウルにひき肉、玉ねぎ、ピーマン、にんじん、Aを入れてパン粉の粒が見えなくなるまでこねる。
2 耐熱容器にオーブンシートを敷き、1の半量を入れてうずらの卵を並べる。残りの1を加えて手でおさえながらしっかり詰める。
3 ふんわりとラップをし、電子レンジで8分加熱し、容器の置く向きを入れ替えて4分ほど加熱する。竹串を刺して透明な汁が出てくればよい。余分な脂を拭き取り、粗熱を取って切り分ける。
4 耐熱ボウルにBを入れて混ぜ、ふんわりとラップをする。電子レンジで2分加熱して3にかける。

＼おいしく食べられる工夫／
野菜が見えるだけで嫌がる子はソースで隠したり、パンで挟んでハンバーガー風にしても。

（きのこの食感が苦手…。）

きざみきのこのキーマカレー

カレーやごはんと
一緒なら
食べやすい!

材料（大人2人分＋子ども2人分）

しめじ（細かくきざむ）…50g
合いびき肉…250g
玉ねぎ（みじん切り）…¼個分
なす（1㎝角切り）…1本分
にんじん（みじん切り）…¼本分
じゃがいも（1.5㎝角切り）
…1個分
A｜**水**250㎖、**白すりごま・ウスターソース**各大さじ1、**カレー粉**小さじ1、**塩**小さじ¼～⅓
トマト（1.5㎝角切り）
…1と½個分
水溶き片栗粉
…水大さじ1＋片栗粉小さじ1
あたたかいごはん…茶碗3杯分
（大人2杯分＋子ども2杯分）
バター…10g

作り方

1 鍋にひき肉を入れて2～3分炒め、余分な脂を軽く拭き取る。バター、しめじ、玉ねぎ、なす、にんじん、じゃがいもを加えて2～3分炒める。
2 A、トマトを加えて中火で沸騰させ、弱火にして蓋をし、ときどき混ぜながら20分ほど煮る。水溶き片栗粉を加えて混ぜ、とろみをつける。器にごはんを盛ってかける。

＼おいしく食べられる工夫／
カレーに入れるきのことなすは小さく切ると食べやすくなります。

（ほうれん草の苦みが苦手…。）

ほうれん草入り餃子

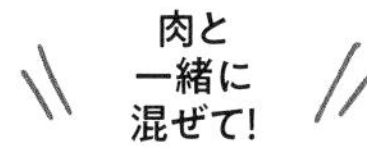
肉と
一緒に
混ぜて！

材料（大人２人分＋子ども２人分）

ほうれん草…½束
豚ひき肉…200g
A｜**しょうゆ・片栗粉**各大さじ½、**砂糖**小さじ½
餃子の皮…24枚
水…100㎖
ごま油…小さじ½＋小さじ1
しょうゆまたは酢じょうゆ…適宜

作り方

1 ほうれん草はゆでて、冷水にとって水けをよく絞り、粗みじん切りにする。
2 ボウルに**1**、ひき肉、**A**を入れて練り混ぜ、餃子の皮のふちに水（分量外）をつけて肉だねを包む。これを24個作る。
3 フライパンを中火で熱し、ごま油小さじ½を入れて**2**を並べる。1～2分焼いて餃子の裏面が軽く白っぽくなったら餃子の高さの半分くらいまでの水を加える。蓋をして5～6分焼き、水けがほとんどなくなったら蓋を取り、残りのごま油を回しかけて焼き色がつくまで焼く。好みでしょうゆ・酢じょうゆなどを添える。

＼おいしく食べられる工夫／
初めのうちは、ほうれん草の量を少なめにして肉を増やしてもOK。子ども用は早めに取り出し、大人用はしっかりと焼き色をつけても。

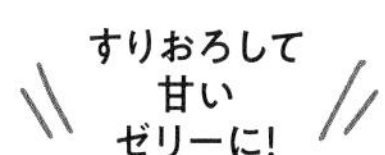
すりおろして
甘い
ゼリーに！

（にんじんが苦手…。）

すりおろしにんじんゼリー

材料（6個分）

にんじん（すりおろす）…正味30g
水…100㎖
寒天（粉末）…2g
砂糖…30g
オレンジジュース…150㎖

作り方

1 鍋に水、寒天を入れてへらでよく混ぜる。中火にかけ、沸騰したら2分ほど混ぜながら煮る。
2 にんじん、砂糖を加え、砂糖が溶けるまで混ぜて火を止める。
3 **2**にオレンジジュースを加えて混ぜる。型に流し入れ、粗熱が取れたら冷蔵庫で1～2時間冷やす。

魚嫌い克服Point

淡白な魚は濃厚な味つけに

魚は淡白で味がしないから苦手という子には、濃厚でクリーミーな味つけに。パサつきが苦手という子には、シチューやスープと一緒に食べるのがおすすめ（左ページ参照）。

魚の臭みを消すにはしっかり下味をつけて

魚の臭みが苦手という子には、下味をつけたり、揚げ物にするのがおすすめ。から揚げ風にするなど、子どもが好きな味つけならさらに食べやすくなる（下記参照）。

下ごしらえでは水けをよく拭き取って

魚の臭みが苦手という子には、魚の水けをしっかり拭き取ってから調理をすることが大切。パサつき対策には加熱し過ぎに気をつけつつチーズなどと一緒に焼けばさらに食べやすい（左ページ参照）。

（魚の臭みが苦手…。）

ぶりのから揚げ風

材料（大人2人分＋子ども2人分）

ぶり（切り身／皮と骨を取り除き、4～6等分に切る）…3切れ分

A | **しょうゆ**大さじ2、**酒**大さじ1、**しょうがの絞り汁**小さじ½

片栗粉…適量

揚げ油…適量

作り方

1 ぶりは水けをよく拭き取り、ボウルに入れてAを加え、5分ほどつける。

2 1の汁けを軽くきり、全体に片栗粉をまぶす。

3 鍋に揚げ油を170～180℃に熱し、2を入れてときどき上下を返しながら3分ほど揚げ、油をきる。

＼おいしく食べられる工夫／

ぶりをさばや鮭などに変え、水けをよく拭き取って同じように作っても。

揚げればおいしいから揚げ風に

パサパサな食感が苦手…。

鮭のピザ風焼き

ピザ風で
モリモリ
食べられる

材料（大人2人分＋子ども2人分）

生鮭（切り身／骨と皮を取り除き、3〜4等分に切る）…3切れ分
塩…少々
トマトケチャップ…小さじ2〜3
A ｜ **ピザ用チーズ**50g、**ベーコン**（8㎜四方に切る）1枚分、**スイートコーン**大さじ2

作り方

1 鮭は水けをよく拭き取り、塩をふる。
2 天板にアルミホイルを敷き、鮭を並べる。ケチャップを塗り、Aを順にのせる。トースターで魚に火が通るまで6〜8分焼く（またはフライパンで焼いてチーズをのせる）。

＼おいしく食べられる工夫／
パサつく魚はチーズでクリーミーに。鮭のほかに、あじをチーズ焼きにしても。

クリーム
スープに
混ぜて!

魚全般が苦手…。

めかじきのコーンクリームスープ

材料（大人2人分＋子ども2人分）

めかじき（切り身／1.5㎝四方に切る）…2切れ分
塩…少々
薄力粉…適量
玉ねぎ（薄切りにし、2〜3等分の長さに切る）…¼個分
A ｜ **水**100〜120㎖、**コンソメスープの素**（顆粒）小さじ½
B ｜ **コーンクリーム缶**200g、**牛乳**150㎖
塩…少々
バター…10g

作り方

1 めかじきは水けをよく拭き取り、塩、薄力粉をまぶす。
2 鍋にバターを中火で熱し、1、玉ねぎを入れて焦がさないように2〜3分炒める。Aを加えて沸騰したら蓋をし、弱火で6〜8分煮る。
3 Bを加えてときどき混ぜながら沸騰直前まで加熱し、塩で味を調える。

＼おいしく食べられる工夫／
魚に粉をまぶしたり、コーンクリームで煮ることでパサつく食感をやわらげます。

いろいろな食材と栄養が摂れる！汁物レシピ

汁物は手軽にいろいろな食材がとれるのがメリットです。肉や野菜がたっぷり入ったみそ汁やスープをバリエーション豊かなレシピでご紹介します。

献立に困ったら汁物が救世主！

汁物は、いろいろな食材と栄養を無理なく補えるのがうれしいところ。今日の献立、何にしよう？と迷ったら、汁物でいろいろな食材をとるのがおすすめです。具だくさんの野菜のみそ汁や豚汁などは、余った野菜を活用できますし、不足しがちなたんぱく質やビタミンなどの栄養素を補うことができます。また、食材や味つけを変えれば、アレンジも自在で、作るのも簡単なのでごはん作りがグンとラクになるでしょう。

普段子どもが食べにくそうにしている野菜や肉なども、汁物に入れると食べやすくなるのでいいことずくめ。忙しいときにも一品で野菜や肉が食べられる汁物があれば、栄養が手軽に摂れるのでおすすめです。

具だくさん野菜のみそ汁

材料（大人2人分＋子ども2人分）

キャベツ（2㎝四方に切る）…1枚分
にんじん（3㎝長さの細切り）…¼本分
かぶ（1㎝幅のいちょう切り）…1個分
玉ねぎ（薄切りにして2〜3等分の長さに切る）…⅕個分
だし汁…600㎖
みそ…大さじ1と½

作り方

1 鍋に全ての野菜、だし汁を入れて中火にかけ、沸騰したら弱火にして蓋をし、12〜15分煮る。みそを溶き入れる。

身体が
ほっと温まる

豚汁

材料（大人2人分＋子ども2人分）

豚ロース薄切り肉
（しゃぶしゃぶ用／2～3cm長さに切る）…100g
白菜（2cm四方のざく切り）…½～1枚
にんじん（薄いいちょう切り）…¼本分
ごぼう（皮をこそぎ、薄いささがきにする）…⅕本分
長ねぎ（縦半分に切り、薄切り）…¼本分
じゃがいも（1cm幅のいちょう切り）…小1個分
だし汁…600㎖
みそ…大さじ1と½

作り方

1 じゃがいもは水にさっとさらして水けをきる。ごぼうは水にさらして水けをきる。
2 鍋に1、豚肉、残りの野菜、だし汁を入れて中火にかけ、沸騰したらアクを取り除く。
3 弱火にして蓋をし、12～15分煮る。みそを溶き入れる。

＊大人用・アレンジ＊
すりおろしたしょうがを加えて器に盛り、七味唐辛子をふる。
野菜を里いもや小松菜に変えても。

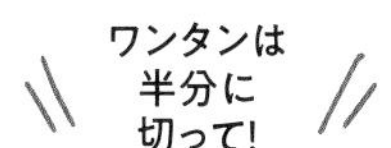

ワンタンスープ

材料（大人2人分＋子ども2人分）

ワンタンの皮…18～20枚
A | **豚ひき肉**100g、
長ねぎ（みじん切り）大さじ1、**塩**少々
B | **水**600㎖、**しょうゆ・鶏がらスープの素**
（顆粒）各大さじ½、**ごま油**小さじ⅓
もやし（2～3等分の長さに粗く切る）…70g

作り方

1 ボウルにAを入れて練り混ぜ、ワンタンの皮のふちに水（分量外）をつけて肉だねをのせて三角にとじる。これを18～20個作る。
2 鍋にBを入れて中火にかけ、沸騰したらもやしを加えて再度沸騰させる。1を加え、3～4分煮て器に盛り、子ども用はキッチンバサミでワンタンを半分に切る。

＊大人用＊
好みでみじん切りにした長ねぎを加えて器に盛り、
ラー油をかける。

さつまいもといんげんのみそ汁

甘い
さつまいもが
おいしい!

材料(大人2人分+子ども2人分)

さつまいも(薄いいちょう切り)…⅓本分
油揚げ(5㎜幅、2㎝長さの細切り)…½枚分
だし汁…600㎖
さやいんげん(2㎝長さに切る)…6本分
みそ…大さじ1と½

作り方

1 さつまいもは水にさらして水けをきる。
2 鍋に1、油揚げ、だし汁を入れて中火にかけ、沸騰したら弱火にして蓋をし、3分ほど煮る。
3 さやいんげんを加え、6～8分ほど煮てみそを溶き入れる。

Point 汁物にするとパサつきやすいさつまいもも食べやすくなります。

せん切り
野菜が
食べやすい

豆腐とにんじんと青菜のすまし汁

材料(大人2人分+子ども2人分)

絹ごし豆腐(1㎝四方に切る)…80g
にんじん(3㎝長さのせん切り)…⅙本分
水菜(1㎝長さに切る)…½株分
A | **だし汁**500㎖、**しょうゆ**小さじ1、**塩**小さじ¼

作り方

1 鍋ににんじん、Aを入れて中火にかけ、沸騰したら蓋をし、弱火で2～3分煮る。
2 豆腐、水菜を加えて1分ほど煮る。

＊アレンジ＊ 最後に水溶き片栗粉(水小さじ2+片栗粉小さじ1)を回し入れ、溶き卵を加えても。

コーンポタージュスープ

材料(大人2人分+子ども2人分)

コーンクリーム缶…200g
玉ねぎ(薄切り、またはみじん切り)…¼個分
A | **水**100㎖、**コンソメスープの素**(顆粒)小さじ1
牛乳…150㎖
塩…少々
バター…10g
クルトン…適宜

作り方

1 鍋にバターを弱火で熱し、玉ねぎを入れて3～4分炒める。Aを加えて中火にし、沸騰したら弱火にして蓋をし、玉ねぎがへらでつぶれる程度まで煮る。
2 コーンクリーム缶を加えて2分ほど混ぜながら煮る。ミキサー(またはフードプロセッサー)に入れて撹拌する。
3 鍋に2を戻し、牛乳を少しずつ加えて混ぜる。程よい濃度に調節し、塩で味を調える。弱火にかけ、混ぜながら加熱して器に盛り、好みでクルトンを添える。

炒めた
玉ねぎで
甘みアップ!

あさりの
だしが
効いてる!

ワンポイント
アドバイス

あさりは1歳半～2歳の場合は取り除き、3～5歳の場合は小さくきざみましょう。

クラムチャウダー

材料(大人2人分+子ども2人分)

あさり缶(水煮/身は粗みじん切りにし、缶汁は取っておく)…130g

A | **ベーコン**(1cm四方に切る)2枚分、**玉ねぎ**(1cm四方に切る)½個分、**にんじん**(1cm角切り)¼本分、**じゃがいも**(1.5cm角切り)1個分、**水**200mℓ

B | **バター**15g、**薄力粉**大さじ1と½

牛乳…100mℓ

塩…小さじ⅙～¼

作り方

1 鍋にA、あさりを缶汁ごと入れて中火にかけ、沸騰したら弱火にして蓋をし、ときどき混ぜながら6～8分煮る。

2 混ぜ合わせたBに1の煮汁を少し混ぜて溶かし、1に加えて混ぜる。牛乳を加え、じゃがいもが崩れないよう静かに混ぜながらとろみがつくまで煮る。塩で味を調える。

カレー風味のオクラとなすのスープ

材料(大人2人分+子ども2人分)

鶏手羽元…6本

塩…少々

薄力粉…大さじ1

オクラ(まな板で転がして洗い、小口切り)…5本分

玉ねぎ(薄切りにして3等分の長さに切る)…⅓個分

なす(8mm厚さのいちょう切り)…1本分

A | **水**600mℓ、**コンソメスープ**(顆粒)小さじ2、**カレー粉**小さじ½

ホールコーン缶…40g

オリーブ油…大さじ½

作り方

1 鶏肉は塩、薄力粉をまぶす。

2 鍋にオリーブ油を中火で熱し、鶏肉の皮目を下にして入れ、2～3分焼く。玉ねぎ、なすを加えて2分ほど炒める。

3 Aを加えて沸騰したら蓋をし、弱火で15分ほど煮る。コーン、オクラを加えて3分ほど煮る。

カレー味が
食欲
そそる!

Point 鶏肉が食べにくければ、骨から身を外してほぐし、皮を取り除いてから器に盛る。

ワンポイント
アドバイス

全体がトロッとなっていれば大豆の大きさはそのままでもOK。しっかり噛んで食べるスープです。

ゴロゴロ野菜が
楽しい
スープ!

夏野菜のトマトスープ

材料(大人2人分+子ども2人分)

A | **なす**(1cm角切り)1本分、**ズッキーニ**(1cm角切り)½本分、**パプリカ**(黄/1cm角切り)¼個分、**玉ねぎ**(1cm四方に切る)¼個分

B | **トマト**(1.5cm角切り)2個分、**大豆の水煮**(または蒸し大豆)50g、**水**300mℓ、**コンソメスープの素**(顆粒)小さじ1、**塩**少々

塩…適量

オリーブ油…大さじ½

作り方

1 鍋にオリーブ油を中火で熱し、Aを入れて2～3分炒めBを加える。

2 沸騰したら弱火にして蓋をし、ときどき混ぜながら12～15分煮る。塩を加えて味を調える。好みでチーズをのせて余熱で溶かしても。

ミネストローネスープ

材料(大人2人分+子ども2人分)

ウインナー
(皮なし/薄い半月切り)…3本分
キャベツ(1㎝四方に切る)…150g
玉ねぎ(1㎝四方に切る)…¼個分
にんじん(薄いいちょう切り)…⅓本分
じゃがいも(1〜1.5㎝角切り)…1個分
A | **ホールトマト缶**(水煮)150g、**水**300㎖、
コンソメスープの素(顆粒)小さじ1と½
オリーブ油…小さじ1
粉チーズ…適量

作り方

1 鍋にオリーブ油を中火で熱し、ウインナー、全ての野菜を入れて2〜3分炒める。Aを加えてトマトをへらでつぶす。
2 沸騰したら弱火にして蓋をし、野菜がやわらかくなるまで20分ほど煮る。器に盛り、粉チーズをかける。

トマトの
酸味と
チーズが合う

Point ウインナーは半月切りにすると味もスープに出やすくなる。パスタを加えてスープスパゲッティにしても。

野菜が
トロッと
スープになじむ

にんじんとじゃがいものクリームスープ

材料(大人2人分+子ども2人分)

にんじん(細いせん切り)…1本分
じゃがいも(薄い輪切り)…1個分
玉ねぎ(薄切りにして3等分の長さに切る)…¼個分
A | **水**200㎖、**コンソメスープの素**(顆粒)小さじ1
B | **牛乳**200〜300㎖、**生クリーム**(または牛乳)大さじ2
塩…少々
バター…10g

作り方

1 鍋にバターを弱火で熱し、全ての野菜を入れて3〜4分炒める。
2 Aを加えて中火にし、沸騰したら弱火にして蓋をする。途中混ぜながらじゃがいもが崩れる程度まで煮て、へらで全体をつぶす。
3 Bを加えて沸騰直前まで加熱し、塩を加えて味を調える。

中華風コーンスープ

材料(大人2人分+子ども2人分)

A | **コーンクリーム缶**250g、
水300㎖、**鶏がらスープの素**(顆粒)
小さじ1、**塩**少々
水溶き片栗粉…水大さじ1+片栗粉小さじ1と½
溶き卵…1個分

作り方

1 鍋にAを入れて混ぜ、中火にかける。混ぜながら沸騰させ、水溶き片栗粉を加えて混ぜる。
2 溶き卵を回し入れ、ふわっと浮いてきたらひと混ぜする。

＊大人用＊ 粗びき黒こしょうをふっても。

コーンと
ふんわり卵が
たまらない!

ワンポイントアドバイス
卵はよく加熱しましょう。

Part 3

ボリューム
満点！

ごはん・めん・パンの主食レシピ

ごはん・めん・パンなどの主食は、子どもの身体や脳を動かす
エネルギー源。たんぱく質と野菜を一緒に組み合わせることで、
食事バランスが整います。
献立のベースともいえる主食をしっかり摂りましょう。

ごはん

さつまいもごはん

甘いさつまいもとごはんが好相性！

材料（2合分）

米…2合
水…目盛り2合分
さつまいも（1cm幅のいちょう切り）…½本分
A | **酒**大さじ½、**塩**小さじ⅔
ごま塩…適量

作り方

1 米はといで炊飯釜に入れ、水を加えて30分ほどおき、水大さじ3を捨てる。
2 さつまいもは水（分量外）にさっとさらして水けをきる。
3 1にAを加えて混ぜ、2を米と混ざらないように静かに加える。
4 炊飯器の炊き込みごはんモード、または白米普通モードで炊飯する。炊きあがったらさっくり混ぜる。器に盛り、ごま塩をふる。

献立のヒント

主菜 豆腐とひじきの和風ハンバーグ→P64
副菜 ほうれん草のごまあえ→P74

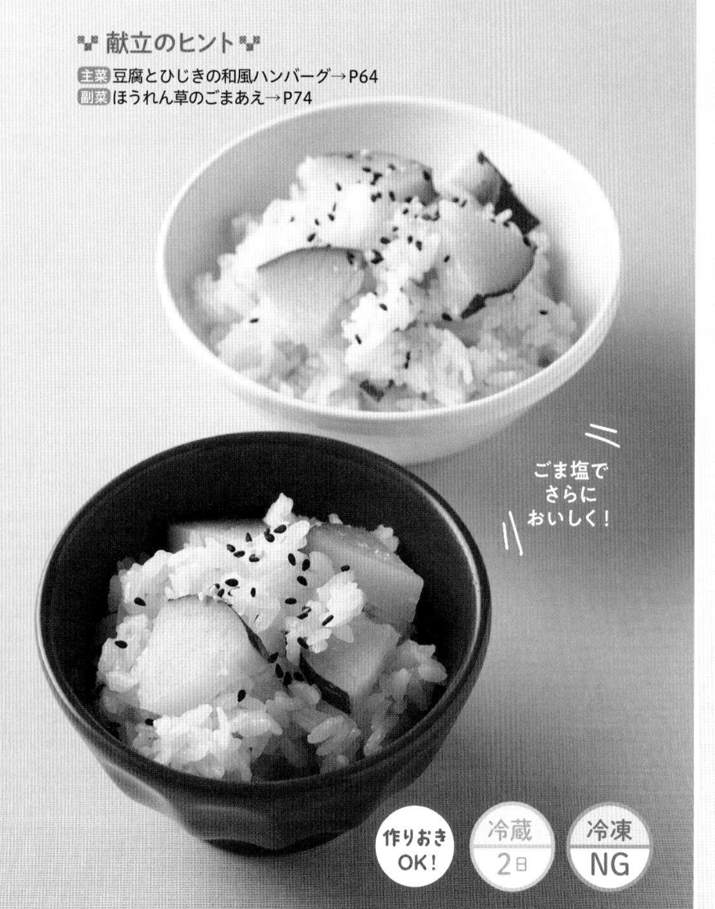
ごま塩で
さらに
おいしく！
作りおき
OK！
冷蔵
2日
冷凍
NG

具だくさん五目炊き込みごはん

食材の風味が一度に味わえる

材料（2合分）

米…2合
水…目盛り2合分
ごぼう（薄いささがき）…½本分
A | **しょうゆ**大さじ1と½、**酒**大さじ½、
　| **和風だしの素**（顆粒）小さじ1
鶏もも肉（皮と脂を取り除き、3cm四方に切る）…1枚分（250g）
にんじん（4cm長さの細切り）…¼本分
しめじ（2〜3等分に切る）…50g

作り方

1 米はといで炊飯釜に入れ、水を加えて30分ほどおき、水大さじ3を捨てる。
2 ごぼうは水（分量外）にさっとさらして水けをきる。
3 1にAを加えて混ぜ、鶏肉、2、にんじん、しめじを米と混ざらないように静かに加える。
4 炊飯器の炊き込みごはんモード、または白米普通モードで炊飯する。炊きあがったらさっくり混ぜる。

作りおき OK！　冷蔵 2日　冷凍 2週間

献立のヒント

主菜 卵焼き→P62
汁物 具だくさん野菜のみそ汁→P100

肉や野菜も
一緒に
摂れる

ワンポイントアドバイス

具材は小さく切りすぎるとかえって丸飲みしやすくなることも。ある程度大きいものを噛むようにできるといいでしょう。ごはんと一緒に炊くと、ごぼうやしめじも食べやすくなります。

献立のヒント

副菜 ちんげん菜とトマトの中華風サラダ→P74
汁物 豚汁→P101

刺身用鯛のさくで鯛ごはん

鯛のさくで贅沢炊き込みごはん

材料（2合分）

米…2合
水…目盛り2合分
鯛のさく（刺身用）…250g（または鯛の切り身3切れ）
塩…少々
A｜**しょうゆ**大さじ1と½、**酒**大さじ½、**みりん**大さじ⅓、**しょうが**（すりおろす）小さじ⅓
長ねぎ（縦半分に切り、薄切り）…⅓本分

作り方

1 米はといで炊飯釜に入れ、水を加えて30分ほどおき、水大さじ3を捨てる。鯛は水けを拭き取り、塩をふる。
2 1の米にAを加えて混ぜ、長ねぎ、1の鯛を米と混ざらないように順に静かに加える。
3 炊飯器の炊き込みごはんモード、または白米普通モードで炊飯する。炊きあがったら鯛を軽くほぐして（切り身の場合、取り出して皮と骨を取り除き、ほぐして戻し）、さっくり混ぜる。

＊大人用＊ 器に盛り、好みで三つ葉をのせても。

食べやすくするヒント

（1歳半〜5歳） 鮭は骨がないように取り除く。

おにぎりにして
食べても！
ワンポイント
アドバイス
年齢が小さいうちは骨に気がつきにくいので、大人がしっかり確認を。成長とともに骨があるか探してみるよう声かけをしましょう。
作りおき OK！
冷蔵 2日
冷凍 2週間

献立のヒント

主菜 茶碗蒸し→P60
副菜 アスパラの赤しそ風味あえ→P75

鮭とひじきの炊き込みごはん

鮭の塩味があるのでしょうゆは少なめに

材料（2合分）

米…2合
水…目盛り2合分
塩鮭（切り身／甘塩）…2切れ
乾燥芽ひじき…8g
A｜**しょうゆ**大さじ1、**酒**大さじ½、**みりん**小さじ1
油揚げ（3cm長さの細切り）…½枚分
にんじん（4cm長さの細切り）…¼本分

作り方

1 米はといで炊飯釜に入れ、水を加えて30分ほどおき、水大さじ2を捨てる。
2 芽ひじきは水（分量外）に30分ほどつけて戻し、洗って水けをきる。
3 1にAを加えて混ぜ、油揚げ、にんじん、2、水けを拭き取った鮭を米と混ざらないように静かに加える。
4 炊飯器の炊き込みごはんモード、または白米普通モードで炊飯する。炊きあがったら鮭の皮と骨を丁寧に取り除き、さっくり混ぜる。

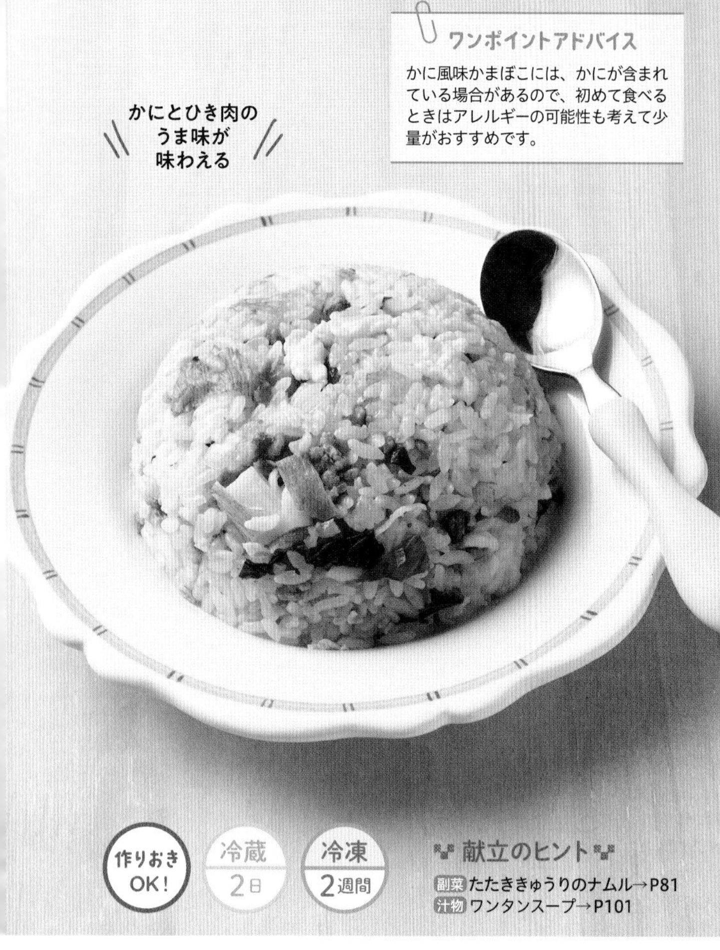

かにとひき肉の
うま味が
味わえる
ワンポイントアドバイス
かに風味かまぼこには、かにが含まれている場合があるので、初めて食べるときはアレルギーの可能性も考えて少量がおすすめです。
作りおきOK!
冷蔵 2日
冷凍 2週間

献立のヒント
副菜 たたききゅうりのナムル→P81
汁物 ワンタンスープ→P101

かにかまの具だくさん チャーハン

肉と野菜が一気にとれる！

材料（大人2人分＋子ども2人分）

あたたかいごはん…茶碗3杯分（大人2杯分＋子ども2杯分）
かに風味かまぼこ（3～4等分に切る）…6本分
豚ひき肉…100g
溶き卵…2個分
長ねぎ（みじん切り）…10㎝分
小松菜（茎は1㎝長さに切り、葉はざく切り）…2束分
A｜**しょうゆ**小さじ2、**鶏がらスープの素**（または和風だしの素／顆粒）小さじ½、**塩**少々
ごま油…大さじ1

作り方

1 フライパンにごま油半量を中火で熱し、溶き卵を入れて手早く炒め、取り出す。
2 1のフライパンに残りのごま油を中火で熱し、ひき肉、長ねぎを入れて2～3分炒める。
3 ごはんを加えて全体が均一になるまで炒め、小松菜、かに風味かまぼこを加えて1分ほど炒める。A、1を加えて卵に火が通るまで手早く炒める。

献立のヒント
副菜 アスパラのマヨネーズ焼き→P75

＊ケチャップライスのみ

ふんわり炒り卵のせ オムライス風

包む手間を省いて！

材料（大人2人分＋子ども2人分）

あたたかいごはん…茶碗3杯分（大人2杯分＋子ども2杯分）
ロースハム（またはベーコン／3等分に切り、8㎜幅の細切り）…3枚分
玉ねぎ（みじん切り）…⅕個分
A｜**トマトケチャップ**大さじ4、**ウスターソース**小さじ1、**コンソメスープの素**（顆粒）小さじ½
B｜**卵**4個、**塩・こしょう**各少々
オリーブ油…大さじ1と½

作り方

1 フライパンにオリーブ油大さじ1を中火で熱し、ハム、玉ねぎを入れて3分ほど炒める。Aを加えて水けを飛ばすように1～2分炒める。
2 ごはんを加えて全体が均一になるまで炒めて器に盛る。
3 ボウルにBを入れて混ぜ合わせる。フライパンに残りのオリーブ油を中火で熱し、熱くなったらBを流し入れ、手早く炒める。よく火が通ったら2にのせる。

＊大人用＊ 卵は半熟で取り出しても。

献立のヒント
汁物 にんじんとじゃがいものクリームスープ→P104
果物 みかん

トマトとベーコンの炊き込みピラフ

トマトとベーコン、バターでうま味たっぷり！

材料（大人2人分＋子ども2人分）

米…2合
水…目盛り2合分
A｜**コンソメスープの素**（顆粒）小さじ2、**塩**ひとつまみ
トマト（2cm四方に切る）…1個分
ベーコン（1cm幅の細切り）…3枚分
バター…10g

作り方

1 米はといで炊飯釜に入れ、水を加えて30分ほどおき、水¼カップを捨てる。
2 1にAを加えて混ぜ、トマト、ベーコン、バターを米と混ざらないように静かに加える。
3 炊飯器の炊き込みごはんモード、または白米普通モードで炊飯する。炊きあがったらさっくり混ぜる。

＊大人用＊ 器に盛り、粗びき黒こしょう、みじん切りにしたパセリを散らしても。

献立のヒント
汁物 中華風コーンスープ→P104
果物 りんご

ビビンバ風そぼろごはん

彩り豊かで食卓が華やかに！

材料（大人2人分＋子ども2人分）

あたたかいごはん…茶碗3杯分（大人2杯分＋子ども2杯分）
合いびき肉…250g
A｜**焼き肉のたれ・水**各大さじ1、**しょうゆ**小さじ1、**片栗粉**小さじ½
ほうれん草…小1束
にんじん（4cm長さのせん切り）…⅓本分
もやし（ざく切り）…½パック分
B｜**ごま油**大さじ½、**鶏がらスープの素**（顆粒）小さじ¼、**塩**少々

作り方

1 フライパンにひき肉を入れて中火で熱し、色が変わるまで炒める。脂を拭き取り、混ぜ合わせたAを加えて煮絡める。
2 鍋に湯を沸かし、ほうれん草を入れて1分ほどゆで、冷水にとって2cm長さに切る。鍋に再び湯を沸かし、にんじんを入れて3分ゆで、もやしを加えて2分ゆでる。ザルにあげて水けをきる。
3 トレーに2を食材ごとに並べ、混ぜ合わせたBを3等分にしてかけ、それぞれあえる。器にごはんを盛り、1、野菜をのせる。

＊大人用＊ コチュジャン、糸唐辛子をのせ、好みで温泉卵をのせても。

まだまだ広がる！ おにぎりバリエ

マンネリになりがちなおにぎりの具もアレンジ自在！
毎日のごはんやお弁当まで、飽きずにおいしく食べられます。

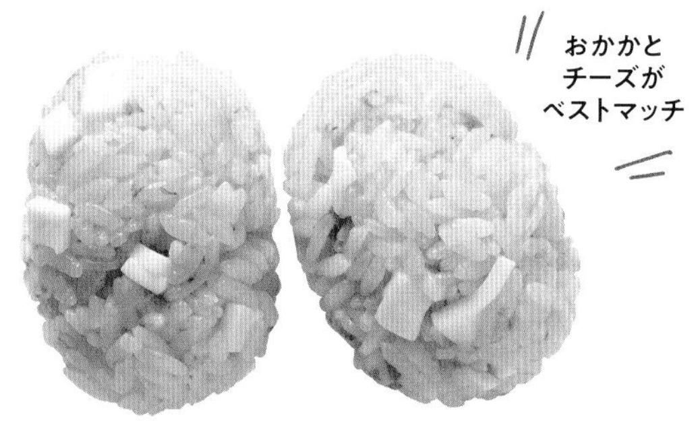
おかかと
チーズが
ベストマッチ

おかか&チーズ

材料（子ども1人分）

あたたかいごはん…子ども茶碗1杯分
削り節…ふたつまみ
しょうゆ…小さじ⅓
スライスチーズ(8㎜四方に切る)…½枚分

作り方

1 ボウルに削り節、しょうゆを入れて混ぜ合わせ、チーズ、ごはんを加えて混ぜる。2等分にしてラップで包み、俵形ににぎる。

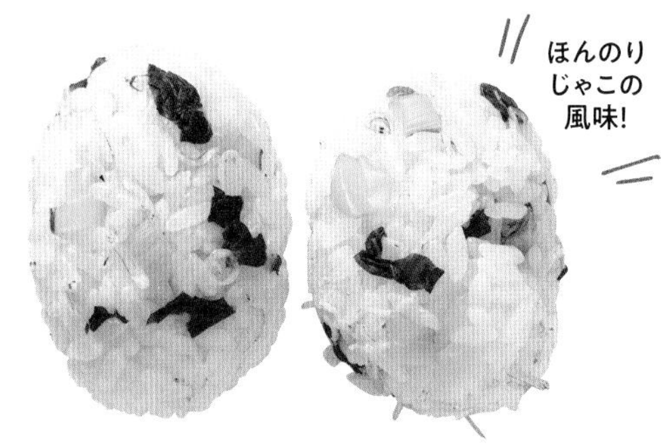
ほんのり
じゃこの
風味！

じゃこ&青菜

材料（子ども1人分）

あたたかいごはん…子ども茶碗1杯分
ちりめんじゃこ…大さじ1
小松菜…1本

作り方

1 小松菜はゆでて冷水にとり、よく水けを絞って粗みじん切りにする。
2 ボウルに全ての材料を入れて混ぜ合わせ、2等分にしてラップで包み、俵形ににぎる。

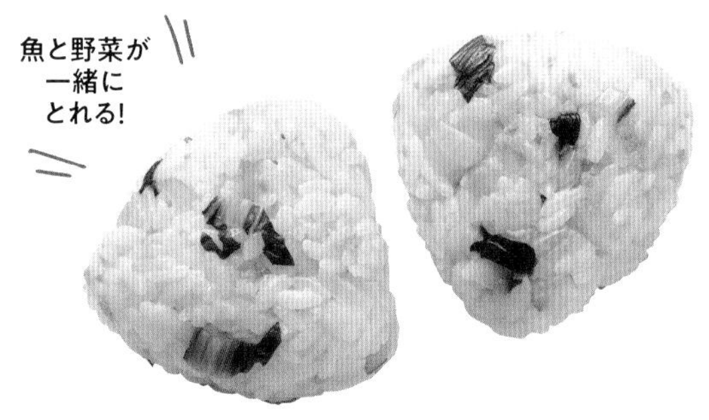
魚と野菜が
一緒に
とれる！

鮭フレーク&小松菜

材料（子ども1人分）

あたたかいごはん…子ども茶碗1杯分
小松菜…1本
鮭フレーク…5g
白炒りごま…小さじ⅓

作り方

1 小松菜はゆでて冷水にとり、よく水けを絞って粗みじん切りにする。
2 ボウルに1、鮭フレーク、ごはんを入れて混ぜ合わせ、白炒りごまをふる。2等分にしてラップで包み、三角形ににぎる。

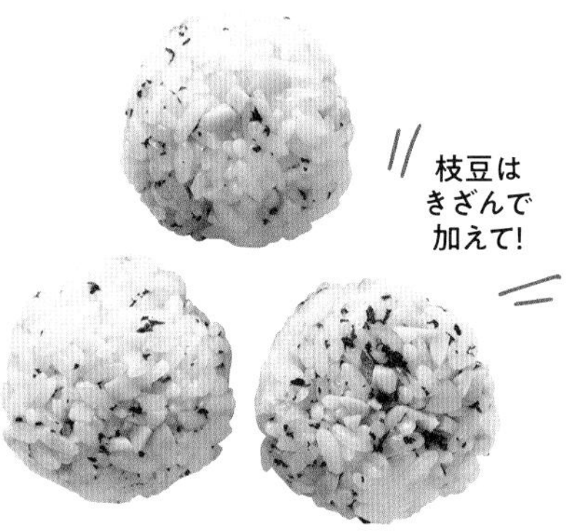
枝豆は
きざんで
加えて！

きざみ枝豆&赤しそ

材料（子ども1人分）

あたたかいごはん…子ども茶碗1杯分
冷凍枝豆…10粒
赤しそふりかけ…小さじ⅓

作り方

1 冷凍枝豆は解凍してさやから出し、細かくきざむ。
2 ボウルに全ての材料を入れて混ぜ合わせ、3等分にしてラップで包み、丸形ににぎる。

塩味のある
ハムを入れて
調味料いらず!

ハム&コーン

材料（子ども1人分）

あたたかいごはん
…子ども茶碗1杯分
ロースハム（3等分の長さにして細切り）…1枚分
ホールコーン缶
…大さじ1と½

作り方

1 ボウルに全ての材料を入れて混ぜ合わせ、3等分にしてラップで包み、丸形ににぎる。

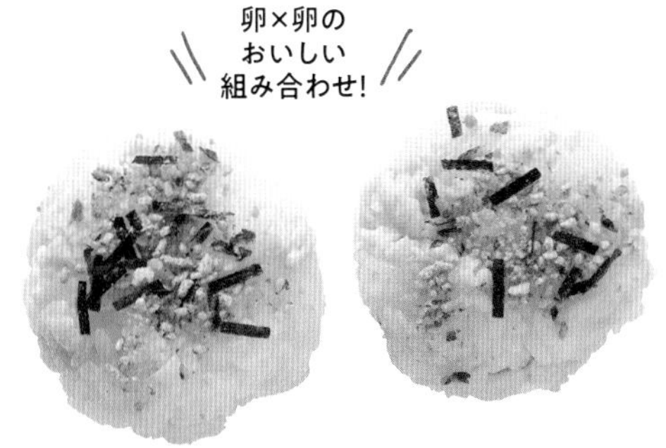
卵×卵の
おいしい
組み合わせ!

炒り卵&のりたまごふりかけ

材料（子ども1人分）

＊具は作りやすい分量
あたたかいごはん
…子ども茶碗1杯分
A | **卵**1個、
砂糖小さじ⅓、
塩少々
のりたまごふりかけ
…小さじ⅓～½
サラダ油…少々

作り方

1 ボウルにAを入れて混ぜ合わせる。フライパンにサラダ油を中火で熱し、卵液を入れて混ぜながらよく火を通して取り出す。
2 ボウルにごはんを入れ、1を大さじ1と½加える。2等分にしてラップで包み丸形ににぎる。全面にふりかけをまぶす。

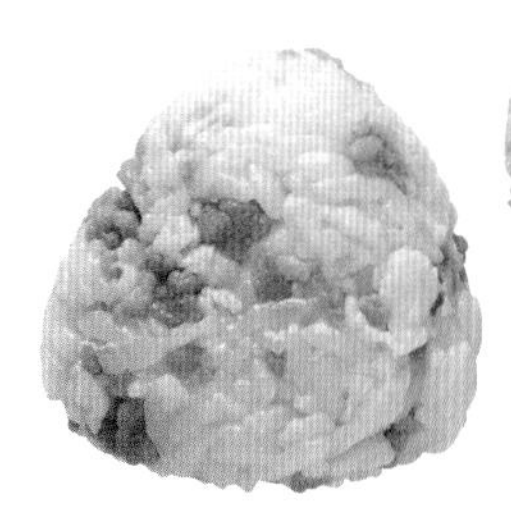
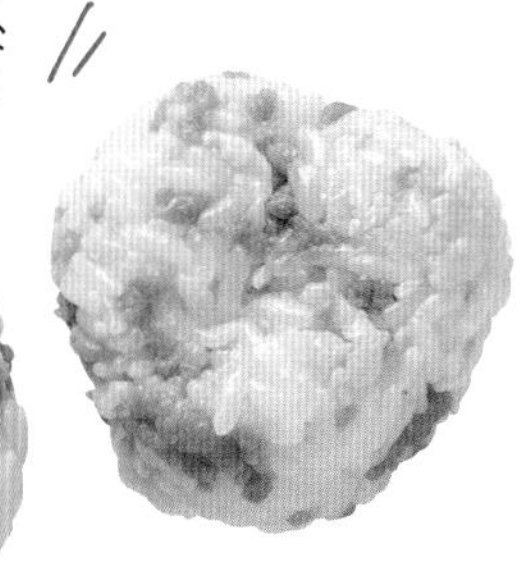
子どもが
大好きな
味つけ!

炒り卵&そぼろ

材料（子ども1人分）

＊具は作りやすい分量
あたたかいごはん
…子ども茶碗1杯分
A | **卵**1個、
砂糖小さじ⅓、
塩少々
B | **鶏ひき肉**50g、
しょうゆ・酒各大さじ½、**砂糖**小さじ1
サラダ油…少々

作り方

1 ボウルにAを入れて混ぜ合わせる。フライパンにサラダ油を中火で熱し、卵液を入れて混ぜながらよく火を通して取り出す。
2 フライパンにBを入れて混ぜ合わせて中火にかけ、ぽろぽろになって火が通るまで炒める。
3 ボウルにごはんを入れ、1、2をそれぞれ大さじ1ずつ加える。2等分にしてラップで包み、三角形ににぎる。

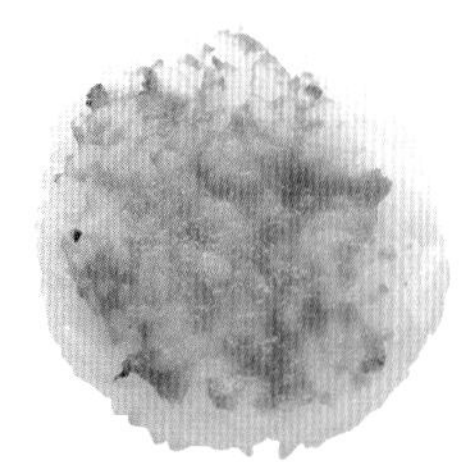

みその味が
やみつきに!

焼きおにぎり風みそおにぎり

材料（子ども1人分）

あたたかいごはん
…子ども茶碗1杯分
A | **みそ**小さじ1、
砂糖小さじ¼、
しょうゆごく少量

作り方

1 ごはんを2等分にしてラップで包み、平たい丸形ににぎる。天板にアルミホイルを敷いておにぎりをのせる。
2 1に混ぜ合わせたAの半量を薄く塗り、トースターでカリカリにならない程度に3～5分焼く。
3 2を裏返して残りのAを塗り、トースターで3分焼いて粗熱を取る。

豚肉と野菜のみそ煮込みうどん

身体があったまる一品

材料（大人2人分＋子ども2人分）

冷凍うどん（またはゆでうどん）…3玉
豚薄切り肉（しゃぶしゃぶ用／3cm長さに切る）…150g
白菜（またはキャベツ／1cm幅、3～4cm長さに切る）…150g
長ねぎ（薄い小口切り）…½本分
にんじん（3～4cm長さの短冊切り）…¼本分
A｜**だし汁**1ℓ、**みりん**大さじ½、**しょうゆ**小さじ1
みそ…大さじ2

作り方

1 鍋に豚肉、全ての野菜、Aを入れて中火で熱し、沸騰したらアクを取り除く。弱火にして蓋をし、6～8分煮る。
2 冷凍うどんは袋の表示通りに解凍し、3等分の長さに切る。
3 1にみそを溶き入れ、2を加えて温める程度に煮込む。

献立のヒント

副菜 ほうれん草のごまあえ →P74

豚肉と野菜が染み染み

豚しゃぶサラダうどん

野菜をたっぷりうどんにのせて

材料（大人2人分＋子ども2人分）

冷凍うどん（またはゆでうどん）…3玉
豚薄切り肉（しゃぶしゃぶ用／3cm長さに切る）…200g
きゅうり（4cm長さのせん切り）…1本分
レタス（2～3cm四方に切る）…¼～⅓玉分
A｜**ホールコーン缶**（汁けをきる）80g、
｜**トマト**（1～1.5cm角切り）1個分
B｜**マヨネーズ**大さじ2、**白すりごま・水**各大さじ1と½、
｜**しょうゆ**大さじ1、**和風だしの素**（顆粒）小さじ½

作り方

1 冷凍うどんは袋の表示通りに解凍し、冷水にとって水けをきり、3等分の長さに切る。
2 鍋に湯を沸かし、豚肉を入れて色が変わるまでよく加熱し、ザルにあげて粗熱を取る。
3 きゅうりに塩少々（分量外）をふって軽くもみ、3分ほどおいたら洗って水けを絞る。レタスに塩少々（分量外）をふってもみ、洗って水けを絞る。
4 1を器に盛り、2、3、Aをのせて混ぜ合わせたBをかける。

献立のヒント

デザート フルーツヨーグルト

野菜たっぷり！
ボリューム
満点うどん

食べやすくするヒント

1歳半～2歳 うどんは食べにくければキッチンバサミで短く切る。

献立のヒント
果物りんご

カラフルで見た目も鮮やか!

食べやすくするヒント
1歳半〜5歳 しめじ、かまぼこ、豚肉、中華めんは食べにくければキッチンバサミで短く切る。

ワンポイントアドバイス
しめじやかまぼこからうま味がしっかり出るほか、見た目も楽しい一品です。子どもが好きなめん類は、なるべく具だくさんにするのがおすすめです。

ちゃんぽん風 野菜たっぷりラーメン

クリーミーな濃厚スープ!

材料(大人2人分+子ども2人分)

中華蒸しめん(2〜3等分の長さに切る)…3玉分

A | **豚薄切り肉**(しゃぶしゃぶ用/3㎝長さに切る) 120g、**キャベツ**(2㎝四方に切る) ⅛玉分、**にんじん**(4㎝長さの短冊切り) ¼本分、**しめじ**(1〜2㎝幅にきざむ) 70g、**かまぼこ**(半分の長さに切り、細切り) 5㎜幅の薄切り6枚分、**ホールコーン缶**(汁けをきる) 80g

B | **水**500㎖、**オイスターソース**大さじ1と½、
鶏がらスープの素(顆粒)大さじ1と⅓、**砂糖**小さじ1、**塩**少々

牛乳…200㎖

ごま油…大さじ½

作り方

1 鍋にごま油を中火で熱し、Aを入れて1〜2分炒める。
2 Bを加えて沸騰したら4〜5分煮る。牛乳を加えて沸騰する直前に火を止める。
3 中華めんを袋の表示通りにゆでて器に盛り、2をかける。

＊大人用＊ 最後に粗びき黒こしょうをふる。

献立のヒント
果物オレンジ

盛りつけるのも楽しい!

冷やし中華風 ぶっかけそうめん

子ども用のめんつゆは薄めてかけて

材料(大人2人分+子ども2人分)

そうめん(2〜3等分に折る)…300g

溶き卵…2個分

A | **砂糖**小さじ1、**塩**少々

めんつゆ(ストレート)…50㎖+100㎖

水…大さじ1と½

ロースハム(2〜3等分の長さに切り、細切り)…4枚分

トマト(1㎝四方に切る)…1個分

きゅうり(4㎝長さの細いせん切り)…1本分

サラダ油…少々

作り方

1 ボウルに溶き卵、Aを入れて混ぜる。卵焼き器にサラダ油を中火で熱し、卵液を入れて薄焼き卵を3枚作る。3〜4㎝長さの細切りにする。
2 そうめんは袋の表示通りにゆでて冷水にとり、水けをきる。
3 子ども用のめんつゆ50㎖に水を加えて薄める。
4 2を器に盛り、1、ハム、野菜をのせてめんつゆをかける。

＊大人用＊ めんつゆ100㎖は薄めずにそのままかける。

食べやすくするヒント

1歳半〜2歳 スパゲッティはキッチンバサミで短く切って食べやすく。

しょうゆの
風味が
口に広がる!

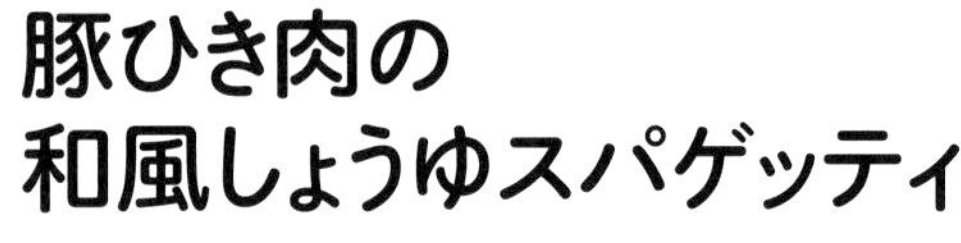
作りおき
OK!
冷蔵
1~2日
冷凍
1週間

献立のヒント

汁物 カレー風味のオクラとなすのスープ→P103

豚ひき肉の和風しょうゆスパゲッティ

子ども用はスパゲッティを長めにゆでて

材料（大人2人分＋子ども2人分）

スパゲッティ（1.6㎜／2〜3等分に折る）…250〜300g
豚ひき肉…120g
A | **まいたけ**（粗みじん切り）50g、**にんじん**（4㎝長さのせん切り）¼本分、**にんにく**（みじん切り）⅓かけ分
小松菜（茎は1㎝長さに切り、葉は粗切り）…1株分
B | **しょうゆ**大さじ1〜1と⅓、**和風だしの素**（顆粒）小さじ½
スパゲッティのゆで汁…大さじ2
オリーブ油…大さじ1

作り方

1 フライパンにひき肉を入れて中火で2分ほど炒め、脂を拭き取る。
2 オリーブ油、A、小松菜の茎を加えて4分ほど炒める。小松菜の葉を加えて全体を混ぜ、Bを加えてさっと混ぜて火を止める。
3 鍋に湯を沸かし、スパゲッティを入れて袋の表示よりも長めにゆで、ザルにあげる（ゆで汁は取っておく）。
4 2に、3、ゆで汁を加えて30秒〜1分さっと炒め合わせる。

＊大人用＊ パスタを早めに取り出し、⅔量の具と調味料を加えてさっと炒めても。

食べやすくするヒント

1歳半〜5歳 野菜が苦手な子どもは、細かく切ればめんと絡んで食べやすく。

野菜が
たっぷり
摂れる!

作りおき OK!
冷蔵 1~2日
冷凍 1週間

献立のヒント

副菜 トマトとツナのせ冷やっこ→P64

野菜たっぷり焼きそば

野菜がたくさんとれるソース焼きそば

材料（大人2人分＋子ども2人分）

中華蒸しめん（焼きそば用／2〜3等分の長さに切る）…3玉分
豚ロース薄切り肉（しゃぶしゃぶ用／3㎝長さに切る）…150g
A | **キャベツ**（2㎝四方に切る）⅛玉分、**にんじん**（4㎝長さの短冊切り）¼本分、**もやし**（半分の長さに切る）½袋分、**ピーマン**（5㎜幅の細切り）2個分
B | **中濃ソース**大さじ2と½、**しょうゆ**大さじ½、**鶏がらスープの素**（顆粒）小さじ½
ごま油…大さじ½

作り方

1 中華めんはぬるま湯でさっと流して水けをきる。
2 フライパンにごま油を中火で熱し、豚肉を入れて色が変わるまで炒める。
3 Aを加えて3〜4分炒めたら1を加えて1〜2分炒める。Bを加えて全体が均一になるまで手早く炒める（Bは市販の添付のソースにしてもよい。少しずつ加えて味を調節する）。

＊大人用＊ 好みで青のりをかけてもよい。紅しょうがを添えたり、盛りつけてから中濃ソースをさらに加えても。

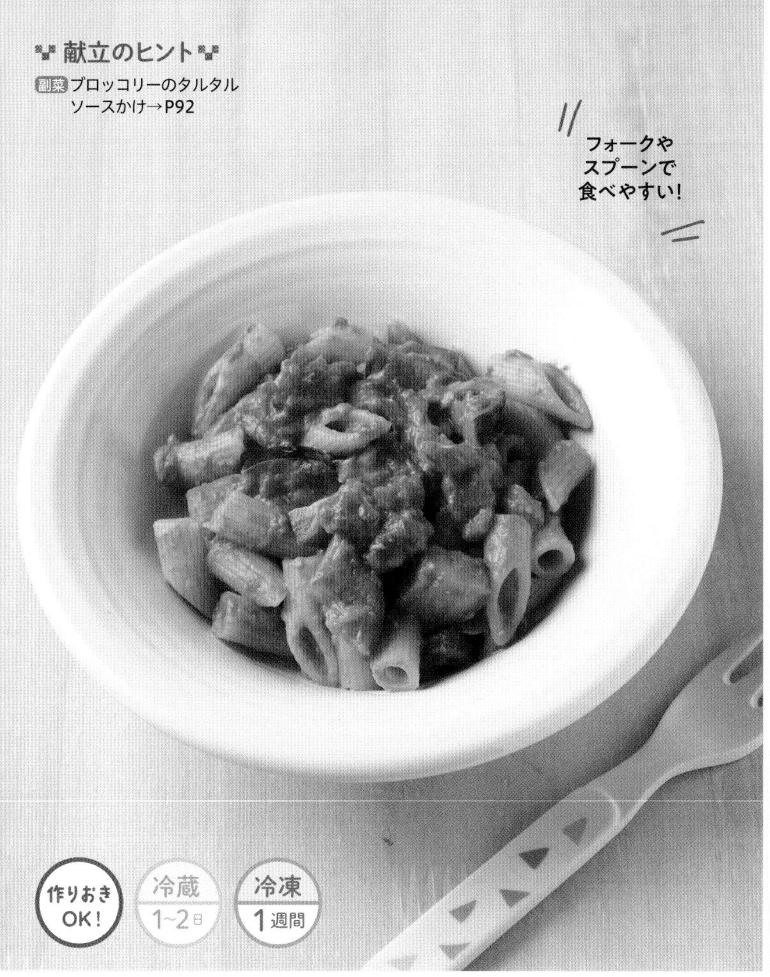
フォークや
スプーンで
食べやすい！
作りおき OK！
冷蔵 1~2日
冷凍 1週間

献立のヒント
副菜 ブロッコリーのタルタルソースかけ→P92

ショートパスタのトマトクリーム

短いパスタにトマトがよく絡む

材料（大人2人分＋子ども2人分）

ペンネ（またはフジッリ）…150g
なす（1㎝幅のいちょう切り）…1本分
A **ホールトマト缶**（水煮）400g、**砂糖・コンソメスープの素**（顆粒）各小さじ½
ツナ缶（水煮）…1缶（70g）
B **ペンネのゆで汁**大さじ3、**生クリーム**（または牛乳）大さじ2、**塩**少々
オリーブ油…大さじ1

作り方

1 鍋に湯を沸かし、ペンネを入れて袋の表示よりも長めにゆで、ザルにあげる（ゆで汁は取っておく）。
2 フライパンにオリーブ油を弱〜中火で熱し、なすを入れて2〜3分炒める。
3 トマトをつぶしながらAを加えて中火にし、沸騰したら4〜5分煮る。汁けをきったツナ、Bを加えて混ぜ、1分ほど煮る。
4 3に1を加えて中火で30秒ほど炒め合わせる。子ども用はキッチンバサミで食べやすい大きさに切る。

＊大人用＊ パスタを先に取り出し、⅔量のソースを別で炒めても。

食べやすくするヒント
1歳半〜2歳 えびはキッチンバサミで小さく切る。あさりは取り除く。
3歳〜5歳 あさりは小さくきざむ。

あさりの
風味が
香る！

ワンポイントアドバイス
えびやあさりが食べにくいときは、口から出すのも成長の1つです。その場合は、キッチンバサミで小さく切ってあげましょう。

献立のヒント
副菜 かぼちゃのサラダ→P78

クリーム味のスープスパゲッティ

魚介とクリームの相性抜群！

材料（大人2人分＋子ども2人分）

スパゲッティ（1.6㎜／2〜3等分に折る）…250〜300g
A **むきえび**（半分の厚さに切る）100g、**玉ねぎ**（薄切りにし、3等分の長さに切る）½個分、**さやいんげん**（3〜4㎝長さの斜め切り）4本分、**ベーコン**（1㎝幅に切る）1と½枚分
小麦粉…大さじ1と½
あさり缶（水煮／粗くきざむ）…70g
B **あさりの缶汁**50㎖、**牛乳**400㎖、**コンソメスープの素**（顆粒）小さじ1
塩…少々
オリーブ油…大さじ½

作り方

1 フライパンにオリーブ油、Aを入れて中火で3分ほど炒める。
2 小麦粉を加えて焦がさないように全体になじむまで炒め、あさり、Bを加える。沸騰直前に弱火にし、混ぜながら2分ほど煮て塩で味を調える。
3 鍋にたっぷりの湯を沸かし、スパゲッティを入れて袋の表示通りゆで、ザルにあげる。子ども用は長くゆでてやわらかくする。
4 器に3を盛り、2をかける。

＊大人用＊ 物足りなければ最後に塩・粗びき黒こしょうを加える。

子どもがやみつきになるパンレシピ。朝食としてはもちろん、おやつに作っても喜ばれること間違いなし！

パン

コーンマヨトースト

のせて焼くだけで簡単に作れる！

材料（子ども1人分）

食パン（8枚切り）…1枚
ホールコーン缶…30g
マヨネーズ…大さじ½〜⅔

作り方

1 コーンは汁けをきり、ボウルに入れてマヨネーズを加え、あえる。
2 天板にアルミホイルを敷き、食パンをのせてその上に**1**をのせる。
3 トースターの高温でこんがりするまで4〜5分焼く。4〜6等分に切り分ける。

ピザトースト

子どもに大人気のメニュー！

材料（子ども1人分）

食パン（8枚切り）…1枚
トマトケチャップ…大さじ½
ピザ用チーズ…30g
ピーマン（5㎜幅の細切り）…¼個分
ロースハム（半分に切り、5㎜幅の細切り）…½枚分

作り方

1 天板にアルミホイルを敷き、食パンをのせる。食パンにトマトケチャップを塗り、チーズ、ピーマン、ハムの順にのせる。
2 トースターの高温でチーズが溶けるまで4〜5分焼く。4〜6等分に切り分ける。

コーンの
つぶつぶ感が
おいしい！

チーズが
とろけて
おいしい

えびに
焼き目を
つけて
作りおき
OK!
冷蔵
1~2日
冷凍
1週間

大人用には
パセリを
のせても

えびトースト風

子どものおやつや大人のおつまみにも

材料（大人2人分+子ども2人分）

食パン（8枚切り／4等分に切る）…3枚
むきえび（背ワタを取り除く）…160g
長ねぎ（みじん切り）…大さじ1と½
A｜**片栗粉**小さじ2、**しょうゆ**小さじ½、**塩・こしょう**各少々
オリーブ油…大さじ2

作り方

1 むきえびに塩小さじ½（分量外）をふって軽くもみ、洗って水けを拭き取る。フードプロセッサーで攪拌するか、包丁でたたく。
2 ボウルに1、長ねぎ、Aを入れてよく練り合わせ、食パンの片面に塗る。
3 フライパンにオリーブ油を中火で熱し、2のえびのすり身がついた面を下にして入れ、弱火にして蓋をし、3～4分焼いて火を通す。裏返して中火にし、焼き目がつくまで焼く。

さば缶とトマトとチーズのトースト

魚を手軽に食べられる

材料（子ども1人分）

食パン（8枚切り）…1枚
さば缶（水煮）…30g
トマト（5㎜幅の輪切りにし、4～6等分に切る）…¼個分
スライスチーズ…1枚

作り方

1 さばは汁けをよくきり、骨を取り除きながらほぐす。
2 天板にアルミホイルを敷き、食パンをのせてその上にトマト、さば、チーズの順にのせる。
3 トースターの高温でチーズが溶けるまで4～5分焼く。4～6等分に切り分ける。

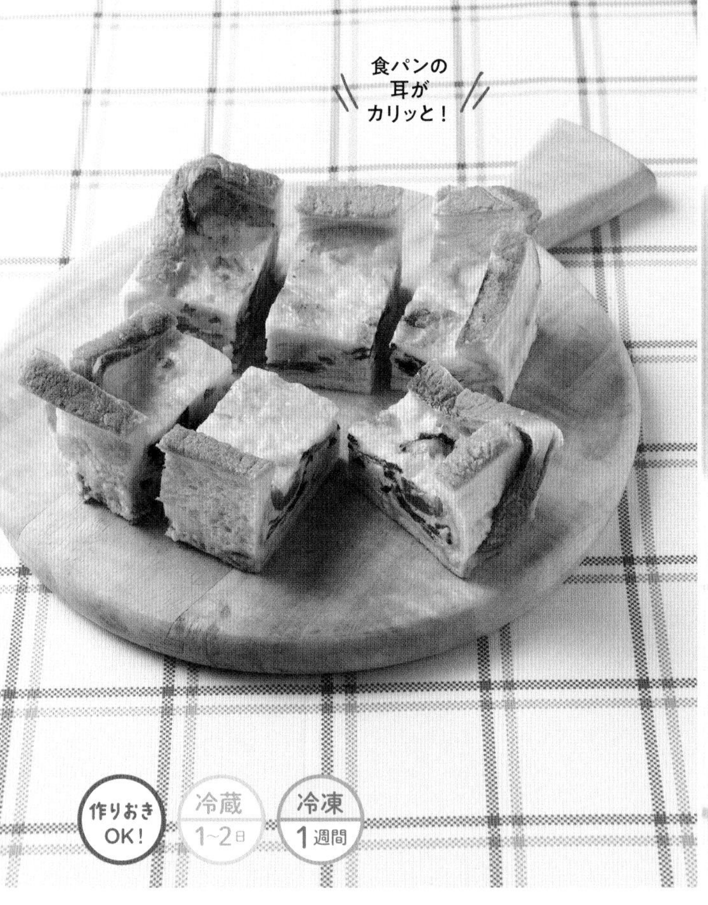
食パンの
耳が
カリッと！
作りおき
OK！
冷蔵
1~2日
冷凍
1週間

おうちで
簡単
肉まん！

ワンポイントアドバイス

丸飲みしないようにひと口大に噛みちぎるように声かけしましょう。小さく切ると丸飲みしやすくなることもあるので、大人が食べる様子を見せてあげてもよいでしょう。

食パンでキッシュ風

子どもと一緒に作るのも楽しい！

材料（作りやすい分量）

食パン（8枚切り／2枚のみ半分に切る）…3枚
ほうれん草…1株
A | **パプリカ**（赤／2cm長さの細切り）¼個分、**ロースハム**（2cm長さの細切り）3枚分
B | **卵**3個、**生クリーム**（または牛乳）大さじ2、**塩**小さじ⅙、**こしょう**少々
ピザ用チーズ…40g

作り方

1 食パンはトースターでこんがりするまで焼く。切っていない食パンを耐熱容器の底に敷き、切った食パンは耳を上にして耐熱容器の四隅におく。
2 ほうれん草は水けをつけたまま耐熱皿にのせ、電子レンジで30秒加熱する。水にさらして水けを絞り、2cm長さに切る。
3 1に2、A、混ぜ合わせたB、チーズを順に加える。ふんわりとラップをし、電子レンジで卵液が固まるまで4分ほど加熱する。
4 トースターの中温で3を焼き色がつくまで5～8分加熱する（食パンの耳が焦げそうなときは、アルミホイルをかぶせる）。粗熱を取り、食べやすい大きさに切り分ける。

食パンで レンチン肉まん風

おやつにも食べたい！

材料（子ども2人分）

食パン（6枚切り／耳を切り落とす）…2枚分
牛乳…大さじ½
A | **豚ひき肉**50g、**長ねぎ**（みじん切り）大さじ1、**しょうゆ・オイスターソース・片栗粉**各小さじ½、**しょうが**（すりおろす）・**塩**各少々

作り方

1 食パンを大きめのラップにのせ、ふちに牛乳を塗る。
2 ボウルにAを入れて練り合わせ、2等分にして丸く成形する。
3 1の中心を少し押してつぶし、2をのせる。食パンの四隅を合わせるように包み、ラップでしっかり包んでねじるように閉じる。
4 3のラップを少しゆるませて耐熱皿にのせ、電子レンジで1分40秒～2分加熱して火を通す。2～3分おいてからラップを取る。

食べやすくするヒント

(1歳半〜5歳) 食べにくければ食べやすい長さに切る。

ポリポリ
止まらない
おいしさ！
Sniff
74 82 518

サクッと
甘い
トースト

作りおき
OK!

冷蔵
1〜2日

冷凍
1週間

ワンポイントアドバイス

残しがちな食パンの耳は、食感を変えると食べられることもあるのでおやつに取り入れても。

パンの耳で揚げパンスティック

余った耳をおやつに大変身！

材料（作りやすい分量）

食パンの耳（半分の長さに切る）…2枚分
A | **きなこ・グラニュー糖**（または砂糖）各大さじ½
揚げ油…適量

作り方

1 鍋に揚げ油を170℃に熱し、食パンの耳を入れて2〜3分揚げて油をきる。
2 ボウルに**A**を入れて混ぜ合わせ、熱いうちに**1**を加えてあえる。

シュガーセサミトースト

白すりごまの食感が楽しい！

材料（子ども1〜2人分）

食パン…1枚分
バター…5〜8g
A | **白すりごま**大さじ½、**グラニュー糖**小さじ1

作り方

1 バターは耐熱容器に入れてふんわりとラップをし、電子レンジで10秒加熱して溶かす。
2 **1**に**A**を順に混ぜながら加える。
3 天板にアルミホイルを敷き、食パンをのせて**2**を塗る。
4 トースターの中温で3〜5分焼く（途中焼き目がついてきたら、アルミホイルをかぶせる）。4〜6等分に切り分ける。

column

まだまだ広がる！ サンドイッチバリエ

サンドイッチは作ったらラップに包んで冷蔵庫でしばらく冷やすと、切りやすくなります。
3歳以上であれば、10枚切りや8枚切りなどの耳つきパンで作ってもOKです。

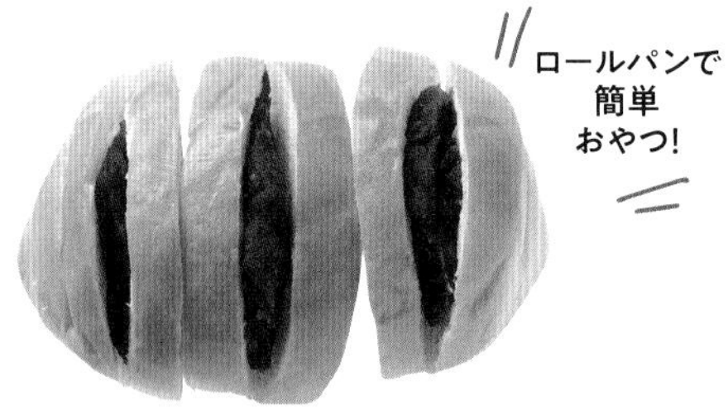
ロールパンで
簡単
おやつ！

あんこサンド

材料（作りやすい分量）

ロールパン（1個を横3等分に切り、中心に切り込みを入れる）…3個
バター…適量
粒あん…60g
＊ロールパンは食パン（サンドイッチ用）、丸パンでもOK

作り方

1 切ったロールパンの内側にバターを塗り、⅑量のあんこを挟む。同様にこれを9個作る。

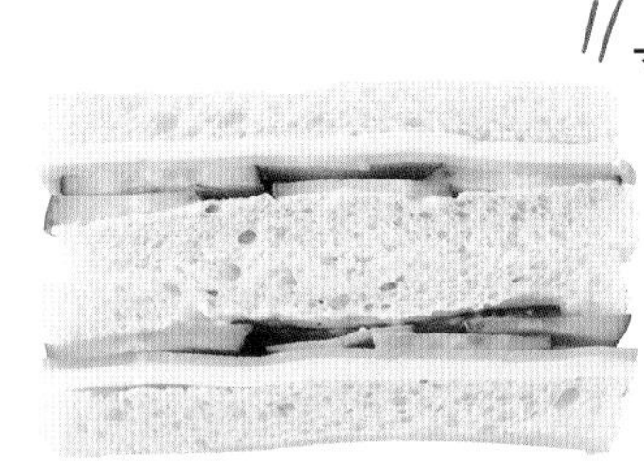
マヨネーズと
きゅうりが
好相性！

チーズとハムのサンドイッチ

材料（作りやすい分量）

食パン（サンドイッチ用）…6枚
マヨネーズ…大さじ1
きゅうり（薄切り）…½本分
スライスチーズ…3枚
ロースハム…3枚

作り方

1 食パン3枚の片面にマヨネーズを塗る。きゅうりは水けを拭き取る。
2 マヨネーズがついていない食パンにチーズ、ハムを1枚ずつのせ、⅓量のきゅうりをのせて1の食パン1枚を重ねる。同様にこれを3セット作る。食べやすい大きさに切る。

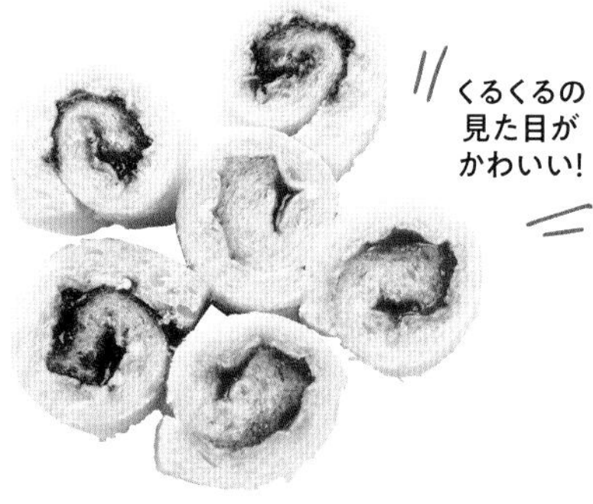
くるくるの
見た目が
かわいい！

ジャムのくるくるロールサンド

材料（作りやすい分量）

食パン（サンドイッチ用）…6枚
バター…適量
好みのジャム…適量

＊アレンジ＊
バターをクリームタイプのカッテージチーズ、クリームチーズなどに変えても。

作り方

1 食パンの片面にバターを薄く塗る。
2 1に好みのジャムを塗る。食パンの奥側は3㎝塗らずに開けておき、端からくるくると巻き、ラップでしばらく包む。食べやすい大きさに切る。

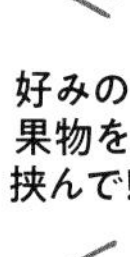
好みの
果物を
挟んで！

フルーツサンド

材料（作りやすい分量）

食パン（サンドイッチ用）…6枚
ホイップクリーム…100㎖
いちご・キウイ・バナナ（5㎜幅の輪切りにし、水けを拭き取る）…各適量

作り方

1 食パンの片面にホイップクリームを塗る。
2 食パン3枚に果物を1種類ずつのせ、残りの3枚の食パンを重ねる。食べやすい大きさに切る。

サンドイッチの
王道!

卵サンド

材料(作りやすい分量)

食パン(サンドイッチ用)…6枚
にんじん(細いせん切り)…30g
ゆで卵…3個
A | **マヨネーズ**大さじ2、**塩**少々
バター…適量

作り方

1 耐熱容器ににんじんを入れてふんわりとラップをし、電子レンジで30〜40秒加熱する。粗熱が取れたら水けを拭き取る。
2 ボウルにゆで卵を入れてフォークでつぶし、**1**、**A**を加えて混ぜる。
3 食パンの片面にバターを塗り、⅓量の**2**をのせて食パンを重ねる。同様にこれを3セット作る。食べやすい大きさに切る。

好みの
フライに
変えても!

鮭フライのカツサンド風

材料(作りやすい分量)

白い丸パン(半分に切り、断面に切り込みを入れる)…3個分
マヨネーズ…大さじ1
鮭フライ…1と½切れ
中濃ソース…大さじ1〜1と½
サラダ菜(ちぎる)…2枚分

作り方

1 パンの切り込みにマヨネーズを塗る。
2 鮭フライは6等分に切り、中濃ソースをかける。
3 サラダ菜は水けを拭き取る。**1**にサラダ菜、**2**を挟む。同様にこれを6セット作る。

おいしくて
パクパク
食べられる!

オムレツのケチャップサンド

材料(作りやすい分量)

食パン(サンドイッチ用)…6枚
A | **卵**2個、**牛乳**小さじ1、**塩**少々
サラダ菜(ちぎる)…3枚分
トマト(薄切り)…½個分
トマトケチャップ…小さじ3
マヨネーズ…大さじ½
オリーブ油…小さじ1

作り方

1 ボウルに**A**を入れて混ぜ合わせる。フライパンにオリーブ油を中火で熱し、卵液の半量を加えて混ぜ、半熟になったら裏返してよく焼く。同様にもう1枚作り、サンドイッチのパンのサイズに合わせて3等分にする。
2 野菜は水けを拭き取る。
3 食パン3枚にマヨネーズを塗り、**2**、ケチャップ、**1**を順にのせて残りの食パンを重ねる。食べやすい大きさに切る。

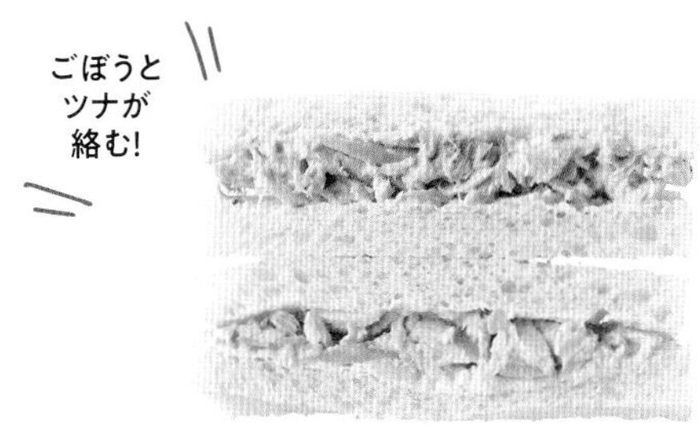
ごぼうと
ツナが
絡む!

せん切りごぼう&ツナのマヨサンド

材料(作りやすい分量)

食パン(サンドイッチ用)…6枚
ごぼう(ピーラーで薄く短いささがきにする)…⅙本分
ツナ缶(水煮)…1缶(70g)
A | **マヨネーズ**大さじ1と½、**塩**少々

作り方

1 ごぼうは水にさらして水けをきる。鍋に水(分量外)、ごぼうを入れ、6〜8分ゆでる。ザルにあげて水けをきり、粗熱を取る。
2 ボウルに**1**、汁けをきったツナ、**A**を入れて混ぜ合わせる。
3 食パン3枚に**2**を塗り、残りの食パンを重ねる。食べやすい大きさに切る。

幼児期に食べていいもの・注意したいもの

【 調味料編 】

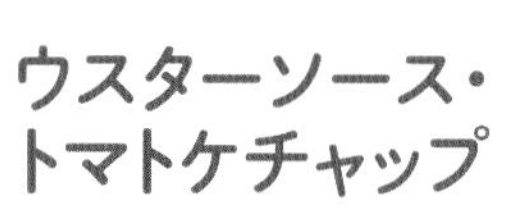

ウスターソース・トマトケチャップ

ウスターソースやトマトケチャップに含まれる野菜類のうま味を使って、おいしく食べることを考えていきましょう。ただし味が濃いので、使いすぎには注意。食卓の上において、いろいろな料理にかけるというような習慣は避けるようにしましょう。

マヨネーズ

卵は乳幼児期に最もアレルギーになる可能性の高い食材なので注意が必要です。マヨネーズは、アレルギーの力がとても強く、非加熱卵に該当します。ただし、避け続ける必要はありませんので、特に症状がなければ、少量から様子を見ながら使いましょう。

市販のドレッシング

野菜を食べない場合は、子どもの好きなドレッシングを選ぶことで食べるようになることもあります。ただし、たくさん使いすぎると、濃い味に慣れてしまうこともあるので、少しだけディップして食べるなど、量を調整できるとよいでしょう。

わさび・からし

あげてはいけないわけではありませんが、刺激が強いわさびやからしは子どもが苦手なことが多いので様子をみ見て少量のみにするのがよいでしょう。粒マスタードは辛みもやわらかいので少量なら使えますが、好みもあるので様子を見て加減してください。

コンソメ・だしの素

苦みやえぐみなどが苦手な幼児期は、コンソメやだしなどのうま味を上手に使うことがおすすめです。その点、市販のコンソメやだしの素は救世主ともいえます。ただし、使いすぎたり、スープばかりをごくごく飲んでしまうと塩分過多という点では心配です。例えば具を多めにして汁を少なくしたり、大人より少し多めのお湯でのばすなどの配慮があるといいですね。特に無塩のものにこだわらなくても構いません。

スパイス類

スパイスが子どもによいか悪いかは一概には言えませんが、少量だと安心です。例えばナツメグはごく少量なら問題ありませんが、一度に5gほどとると激しい中毒症状が見られることも。本書ではハンバーグなどでナツメグは利用していません。カレー粉については問題なく使えます。

酒・本みりんなどアルコールを含む調味料

アルコールは子どもに絶対あげてはいけません。ですが、料理に少量使うことは問題ありません。みりんの他、しょうゆなど他の調味料や食材にも、多少のアルコールを含むものがありますが、しょうゆはゴクゴク飲むものではありませんし、料理に使う分量であれば問題ありません。同様に、本みりんや酒も、基本的に料理に使う量は多くありません。さらに、必ず最後に加熱してアルコール分を飛ばすので、過度な心配は不要です。

オイスターソース・焼き肉のタレ

うま味たっぷりのオイスターソースや焼き肉のタレは、塩分も多く含みます。使用量が多くなり過ぎないように、上手に使いましょう。また、食品表示を確認して食べたことがない食材があれば注意しましょう。えび、かになど甲殻類にアレルギーがある場合はオイスターソースでもアレルギーが出ることもあるので、最初は少量で様子を見ましょう。開栓後は日持ちしませんので、冷蔵庫に保管して早めに使うことも大切です。

幼児食のお悩みQ&A

緑の野菜を食べてくれません どうしたらいいですか？

ほかの緑黄色野菜を食べていればOK

緑の野菜を食べなくても、トマトやにんじんなど他の緑黄色野菜を食べているなら、大きな問題はないので、気長に待ちましょう。「○○ちゃんは緑の野菜が苦手だから」と決めつけたり、「食べなさい！」と怒ってしまったりすると、根強く苦手意識が植えつけられることもあります。少しだけチャレンジしてみたり、しばらく使わずに忘れたころに少し出してみるのもいいですね。食卓の場で怒ったり、強制したりしないように気をつけましょう。

野菜をおいしく食べてくれるコツはありますか？

うま味のある食材と調理するとおいしく食べられます

野菜をおいしく食べるコツは「うま味」。この本にもたくさん登場していますが、しらす干しやベーコン、ツナなどうま味のある肉・魚介と一緒に調理することで、野菜をおいしく食べることができます。すべてを薄味にしてしまうと、食べないこともあります。食べにくい野菜があれば、少し濃い味のほうが食べてくれるかもしれません。ひと口でも食べられれば大成功と考えて、少しずつ「食べられた」という経験を増やしていくとよいですね。

牛乳はどのくらい飲んだらよいですか？

1日200～300ml程度を目安に朝食や間食時に

今まで母乳やミルクを飲んでいたように、泣いたら牛乳というような使い方はできるだけ避けたいものですが、牛乳は、子どもの成長に重要なカルシウムを含みます。1日200～300㎖程度を目安にして、朝食の時間や間食(補食)などの時間に飲むとよいでしょう。牛乳を飲み過ぎて食事が食べられなくなるというような場合は、時間や量を調整します。加熱するかどうかの決まりは特にありませんが、冷たいとお腹がゆるくなる場合は、少し温めてあげてもよいでしょう。

好きなものばかり食べて困ります。

まずは食事のバランスでざっくり捉えましょう

バナナやパン、納豆など、子どもの好きなもので、なおかつ保護者がパッとあげやすい食べ物は、ついつい「そればかり」になりがち。果物はとれているけど、肉や魚がとれていないね？　など、栄養のことを考えたり、大丈夫かな？　と心配になる気持ちがとても大切です。まずは、食事のバランスでざっくりと捉えてみましょう。なんとなく野菜が足りない、肉が足りないという感覚があれば、外食やピクニックなど環境が変わるときなど、食べて欲しい食材に少し挑戦してみるのもいいですね。好きではないけれど「少しは食べる」というものや、「好きな食べ物」の候補をたくさん増やしていけるといいなという程度の、焦らない気持ちが大切です。

そろそろ手づかみはやめてほしいです。

ポジティブな声掛けをしてあげましょう

「何歳まで手づかみでもいい」というような指標はありません。スプーンやフォークが使えるようになっても、手づかみのほうが早いこともありますし、眠くて、機嫌が悪いときなど、手づかみすることもあります。苦手なものこそ、手づかみでもOKにすることで食べることもありますので、ダメと決めつけないことがベター。大人も雰囲気で手で食べることもありますし、臨機応変に声かけできるといいですね。「フォークを使うの上手だったね」など、できていることを認めてあげる声かけで、思い出したかのように食具を使うこともありますので、「手づかみはダメ」ではなく、「食具を使うとかっこいい！」「手も汚れないね」など、ポジティブな声かけをするのがよいでしょう。

アイスクリームは何歳からあげられますか？

量と頻度を考えて食べ過ぎないように

食品において、何歳から食べられるという指標はほとんどありません。量と頻度を考えてみましょう。アイスクリームなどは、冷たくてもおいしく感じるように、とても濃い甘さでできています。そして、冷たいと感じにくく、つい食べてしまい脂肪の摂りすぎにも繋がります。食べ過ぎを防ぐためには、パンケーキの甘さを控えめにして少しアイスクリームを添え、シロップの代わりにする、ジュースや果物を凍らせるなどの工夫をしても。そうすれば、甘さも抑えられ、量も調節しやすくなります。硬い場合は喉に詰めこまないように注意したり、シャーベットのようにブレンダーなどで細かくしてあげてみるのもいいでしょう。ただし、たくさんあげないように気をつけましょう。

魚介類・魚介加工品

肉類・肉加工品

海藻類

野菜

卵類

きのこ類

いも類

主食・皮・粉類

乳製品

豆類・豆加工品

監修者

川口由美子（かわぐちゆみこ）

一般社団法人 母子栄養協会代表理事。管理栄養士・母子栄養指導士。女子栄養大学生涯学習講師。大学で小児栄養学を研究し、育児用品メーカーで勤務したのちに独立。テレビや本、雑誌などでレシピ、コラム執筆、栄養監修などを多数行う。「日本の食卓をもっと元気にもっと笑顔に」をモットーに、料理が楽しくできる方法を伝えている。監修書に『まねしてラクラク迷わない！ 365日のフリージング離乳食』（西東社）、『栄養バランスは1週間で整える！ ムリなく続ける離乳食BOOK』（成美堂出版）、『赤ちゃんのための補完食入門』（彩図社）などがある。

著者

阪下千恵（さかしたちえ）

料理研究家・家事研究家・栄養士。ブルーテラス合同会社代表。企業レシピ開発、雑誌、書籍、テレビなどで幅広く活躍。家庭料理を中心に、お弁当や幼児食、ダイエット向けレシピなど、栄養バランスのよいレシピを多数手がける。暮らしの中で毎日行う家事を、いかに楽して快適に保つかのノウハウや、料理や時短のコツなどを発信している。著書は『耐熱ガラス容器で毎日ラクチンレシピ』（ワン・パブリッシング）、『かんたん園児のおべんとう』（新星出版社）、『1〜3分煮るだけ！ やせるスープジャー弁当100』（学研プラス）などがある。

Staff

撮影	千葉充
スタイリング	深川あさり
デザイン	大類百世／森尻夏実（株式会社大空出版）
イラスト	タカヤユリエ
調理アシスタント	宮田澄香／岩間明子／松藤亜佑子／吉野清美／大櫛千文
編集協力／執筆協力	丸山みき（SORA企画）／髙橋久美子
編集アシスタント	岩間杏／永野廣美／秋武絵美子（SORA企画）
編集担当	齋藤友里（ナツメ出版企画株式会社）

本書に関するお問い合わせは、書名・発行日・該当ページを明記の上、下記のいずれかの方法にてお送りください。
電話でのお問い合わせはお受けしておりません。
・ナツメ社webサイトの問い合わせフォーム
https://www.natsume.co.jp/contact
・FAX（03-3291-1305）
・郵送（下記、ナツメ出版企画株式会社宛て）
なお、回答までに日にちをいただく場合があります。正誤のお問い合わせ以外の書籍内容に関する解説・個別の相談は行っておりません。あらかじめご了承ください。

［1歳半〜5歳］
おいしくてパクパク食べちゃう！　ラクうま幼児食

2023年6月5日　初版発行
2024年7月1日　第2刷発行

監修者　川口由美子
著　者　阪下千恵
発行者　田村正隆

発行所　**株式会社ナツメ社**
東京都千代田区神田神保町1-52　ナツメ社ビル1F（〒101-0051）
電話　03-3291-1257（代表）　FAX　03-3291-5761
振替　00130-1-58661

制　作　**ナツメ出版企画株式会社**
東京都千代田区神田神保町1-52　ナツメ社ビル3F（〒101-0051）
電話　03-3295-3921（代表）

印刷所　**広研印刷株式会社**

ISBN978-4-8163-7378-7　Printed in Japan